本书系济南市首批市校融合发展战略工程项目
"济南电商直播人才培养项目(项目编号：JNSX2021064)"中期成果

电商直播

理论与实务

宋健 韩锐◎主编

庄严 王凤磊 郭传京 陈雪◎副主编

九州出版社
JIUZHOUPRESS

图书在版编目（CIP）数据

电商直播理论与实务 / 宋健，韩锐主编. --北京：
九州出版社，2024.4

ISBN 978-7-5225-2866-3

Ⅰ.①电… Ⅱ.①宋… ②韩… Ⅲ.①网络营销-研
究 Ⅳ.①F713.365.2

中国国家版本馆 CIP 数据核字（2024）第 089687 号

电商直播理论与实务

作　　者　宋　健　韩　锐　主编
责任编辑　李创娇
出版发行　九州出版社
地　　址　北京市西城区阜外大街甲 35 号（100037）
发行电话　（010）68992190/3/5/6
网　　址　www.jiuzhoupress.com
印　　刷　北京捷迅佳彩印刷有限公司
开　　本　710 毫米×1000 毫米　　16 开
印　　张　14.25
字　　数　200 千字
版　　次　2024 年 6 月第 1 版
印　　次　2024 年 6 月第 1 次印刷
书　　号　ISBN 978-7-5225-2866-3
定　　价　48.00 元

本书由山东省传媒教育专家指导委员会、山东政法学院文化艺术传播研究中心、山东政法学院出版研究院、山东传媒职业学院、聊城大学传媒学院校友会提供学术支持

编 委 会

前　言

大家好！欢迎来到这个充满活力和创新的领域，一起探索和研究电商直播的理论与实务。在此，首先要感谢你们选择这本书，相信它会成为你们在电商领域的宝贵指南。

为深入学习贯彻党的二十大精神，推动电商直播行业高质量发展，党的二十大报告提出，"建设现代化产业体系"，"建设高效顺畅的流通体系"。这些重要论断擘画了新时代电商产业的深远蓝图，也坚定了更多人深耕电商直播行业新业态、新模式的发展信心和决心。

随着科技的飞速发展，电商行业正在以前所未有的速度改变着我们的生活和工作方式。电商直播作为近年来迅速崛起的一种新型电商模式，不仅突破了传统电商的瓶颈，还以前所未有的方式推动了商业模式的创新和变革。这是一种集合了购物、娱乐、社交等多种功能的全新购物方式，它让消费者能够通过直观、生动的方式，享受到购物的乐趣。

在本书中，我们将深入探讨电商直播的各个方面。从最基础的概念出发，逐步引导读者了解并掌握电商直播的运营策略、技巧和方法。我们将详细解读电商直播的产业链条，分析各个角色的作用和相互关系，揭示电商直播的商业逻辑和价值。此外，我们还将关注到最新的电商法规和政策，告诉读者如何在法律框架内进行合规经营。

电商直播不仅仅是简单的商品销售，从业者需要懂得如何把握消费者需求，如何通过优质的直播内容和精准的推广策略吸引并留住用户。本书将深入探讨这些关键问题,分享实用的解决方案和案例,帮助读者更好地理解和掌握电商直播的运营技巧。

总的来说,本书旨在为读者建立全面、系统的电商直播理论与实务知识体系。通过深入浅出的方式,我们将带领读者走进电商直播的世界,了解它的运作机制、策略和方法。这本书是一本全体系的教材,不仅面向学习电商直播课程的学生,而且也面向电商直播的从业者、创业者,以及对电商直播感兴趣的读者。在接下来的阅读学习过程中,请允许我们提醒你们不断思考、尝试和实践。只有将理论知识应用到实际中,才能真正理解和掌握电商直播的运营之道。希望这本书能成为你们在电商领域的得力助手,陪伴你们在电商的旅程中不断进步和成长。

现在,让我们一起翻开这本书的篇章,开启这场关于电商直播的理论与实务的探索之旅吧!

目　录

第一章　关于电商直播

导语：

电商直播,作为电子商务领域的一项新兴技术和商业模式,正以前所未有的速度改变着消费者与商品之间的互动方式。它融合了传统电子商务和实时直播技术,为品牌和商家提供了一个全新的营销和销售平台。本书的第一章将带您进入电商直播的世界,探讨其概念、发展、类型以及电商直播的未来。

第一节　电商直播的概念

一、什么是电商直播

电商直播是一种新型购物方式,通常来说是与娱乐直播相对应的一个以商品与服务的销售为主要内容或目的的概念。

电商直播最早可以追溯到 2009 年左右,中国的一些电子商务公司尝试在自己的网站上进行视频直播,用于产品介绍和推广。当时,直播的技术和用户基础相对较弱,限制了其发展。

而真正意义上的电商直播起步于 2016 年,电商直播迎来了一个重要的突破点,即将购物元素引入直播中,允许主播在直播过程中向观众展示和推销产品,并提供直接购买的功能。以淘宝和京东作为彼时全国最大的两家电商巨头入局电商直播为起点，中国电商界开启了电商直播的探索。到了2018年，越来越多以娱乐直播为主的平台也在广泛试水电商直播，并且已经不囿于售卖产品，通过直播平台做餐饮等服务类营销的亦大有人在。可惜的是，这些泛娱乐直播平台在做内容多元化转型尝试的时候，没有及时配备销售链接（比如小黄车）和转化工具（比如数据分析后台），致使主播在营销时需要往平台外拉流量，而当时又没有非常重视和限制主播展示平台外的联系方式，这就导致电商直播内容所产生的利润到了主流电商平台或者进入私域。进入私域的流量部分，也为曾经风光无限也争议颇多的微商产业做出了"贡献"。

随着淘宝直播创造了一些头部电商直播的传奇主播和带货奇迹，也随着抖音、快手等以"兴趣电商"之名进入电商直播的竞争之中，电商直播以海啸般的强劲销售力，倒逼内容的不断丰富和上下游产业链的不断完善，迄今已经演变成了完整、多元的成熟产业链体系。

尤其是在2020年，由于疫情、政策等多重因素的刺激，电商直播迅猛发展，各大平台持续向直播倾斜资源，直播带货几乎成为各大平台的标配。如今，中国电商直播市场已达到了数万亿元的规模和体量。

中国人民大学商学院市场营销系助理教授楚燕来认为：电商直播归根到底还是卖货的形式之一。直播扮演的其实是一个连接器的角色。对于货架式的电商平台来说，直播更像是一种对商品详情页的补充。和图片、文字、短视频比起来，直播有着天然的优势。直播能够提供更加丰富、生动的内容，与消费者的互动性也更加强烈，消费者的代入感自然也就更强了。用户黏性和转化率一下子就上来了。

我们认为，电商直播是商家利用直播平台，以直播的方式展现自己商品或服务的具体特性，吸引消费者购买，并采用电商的方式交易的一种新型购物方式。

电商直播平台既包括淘宝、京东等传统的货架式电商平台，也包括抖音、快手、微博、微信等内容平台和社交娱乐平台。

电商直播作为一种新的销售渠道和模式,打破了以往渠道为王的运行规则,使商品进入市场的途径变得更加便捷。

电商直播模式并不是对传统电商模式的代替,而是经济发展中的一条新道路,电商直播模式反过来还刺激了传统电商的升级和革新。如今,传统电商也重视起了直播和社交功能。

相较于传统的销售方式,电商直播成本更低、门槛更低、体验更强,使商品信息在数字渠道的传播下更加快捷、直观和透明。

二、电商直播有哪些特点

(一) 与传统电商相比,电商直播呈现更多元

随着互联网的不断发展,网上购物,网上旅游等"云"上活动层出不穷,人们足不出户,需求就可以得到满足,淘宝、京东、拼多多等网上购物平台的市场影响力也不断扩大。随着网上购物的需求不断扩大,电商直播也不断兴起。电商直播自 2016 年发展以来,以其独特的优势吸引了各大平台的入局,同时以电商直播为主要形式的"直播电商"也作为热词不断进入广大用户的视线。直播电商作为一种新型电商形式,有以完全直播的形式独立存在的,也有作为营销手段嵌入传统电商平台之中的。但是,现在的趋势是直播电商与传统电商更加融合,做到了"你中有我,我中有你"。像淘宝、京东、拼多多等货架式电商平台,其中很多商家使用了现场直播卖货的形式,或者至少用录制好的视频进行滚动直播以使得观众有种"直播"的体验感。

至于电商直播的特点,我们需要先从电商直播和传统电商形式的区别说起。

首先,传统的网上购物,我们需要根据自己的需求在购物平台上进行"关键词搜索—浏览筛选—付款"等一系列操作完成下单。而电商直播则与传统电商这种操作流程不同,电商直播实现了受众与货品售卖逻辑的转换,

以"货找人"的方式进行售卖,用户可以在短视频等平台浏览各电商的直播,根据主播的介绍来判断这个货品是否符合自己的需要,是否想要下单。

其次,在产品的呈现上,传统电商主要是以图文形式为主,也有在商品页面加入短视频介绍的,通过文字、配图和视频向用户展示产品的卖点、优势,消费者需要去不同的店家浏览相同的产品进行对比才能择优下单购买,因此需要花费较高的时间成本。而电商直播不同,直播顾名思义是实时播出,主播基于实时的视频以更全面的视角向用户介绍产品。不仅如此,电商直播还可以依托直播软件与用户进行实时互动,让用户更加及时和详细地了解自己想要了解的内容,让消费者参与其中。这容易提高消费者对产品的信任度,从而让消费者迅速在直播间完成下单进行购买,相对来说,时间成本显然更低。

除此之外,从社交属性方面来说,传统电商属于弱社交,用户对产品存在的问题只能通过客服或者商品评价进行传达,而商品评价有时候也存在着主观性,客服也存在着回复不及时的问题。而电商直播则有效解决了这个问题,用户可以和主播进行实时互动,随时提出问题,主播也会及时进行解答,消费者之间也可以通过评论区进行实时讨论。而从直播本身来看,直播本身就具有强交互性,用户可以通过直播软件与主播进行互动,也可以与志同道合、有相同兴趣的用户在直播间进行讨论。此外,直播主题多样化,普通大众都可以在直播软件上进行直播,所以电商直播的种类也十分丰富。电商直播也会提高用户的信任度,提高其购买欲,从而使得电商直播不断发展,电商市场也不断扩大。

电商直播由于在发展之初,国内传统的电商体系在整体运营上已经比较完善,消费者的接受度非常高。在消费者还没有养成看直播购物的消费习惯时,电商直播从传统电商手里去抢客户更多是靠低价来拼出市场的。这使得电商直播在诞生之初形成了一个较强的自身优势,那就是价格低。虽然随着电商直播的发展,消费者在直播间消费的时候对品质的追求已经大大提升,价格因素在电商直播吸引消费者的要素中所占比例已经下降了不少,但是很多头部主播因为销量上的优势依然具有极强的议价能力,原产地直播更是省去了很多中间环节,因此电商直播中的产品在目前来看,通常较其他电商渠道的产品在价格上还是有比较优势的。通常来说,用户在直播间下单后,商家直接进行发货,没有中间商,商家和用户直接交流,减少了中间成本,性价比高。

而且,电商直播拥有强大的 IP 特征,尤其是一些知名大 V 主播,他们一亮相就在用户心中留下深刻的印象。这种独特的 IP 效应使得他们在用户心中的信任度非常高,他们的观众往往成了忠实的粉丝和主要的目标受众群体。这些受众在这些大 V 主播的直播间中表现出强烈的购买欲望,更为重要的是他们的复购率也很高,这意味着他们不仅会一次性购买产品,还会在未来继续购买,维持长期的购物关系。这种相互受益的关系有助于电商直播行业不断壮大,为消费者提供更多优质的购物体验。因此,主播的强 IP 效应已经成为电商直播行业蓬勃发展的一个很重要的原因。

电商直播的用户覆盖多个年龄层,特别是兴趣电商中的内容直播,从小孩子到老人无不被其吸引——

针对少儿群体:针对少儿群体的电商直播主要以玩具、图书、童装、动漫周边等产品为主。在直播过程中,主播通常会以生动、有趣的方式展示产品,比如制作有趣、富有创意的少儿节目内容,包括游戏、童话故事、DIY 手工等,还可以使用生动的角色扮演、动画效果或特殊效果,增加节目的吸引力。此外,还可以根据少儿的具体年龄阶段,引入教育元素,使内容具有教育性质,例如学习新技能、培养兴趣爱好、解释科学原理等,要确保内容与少儿的年龄和心智发展水平相匹配,避免不适宜的主题或语言。它还需要遵守少儿节目的广告法规,确保广告内容的合法性和道德性,并鼓励或要求家长参与陪同观看,确保他们了解节目内容并建立安全感和信任度,这样也有利于引导家长了解产品的特点和优势,以激发其购买兴趣。此外,一些电商实体也会与少儿节目、动画片等 IP 合作,通过直播销售相关商品,如图 1-1。

针对青年群体:青年群体是电商直播的主要受众之一,他们对产品品

图 1-1　幼儿园小朋友在通过手机观看直播

质、潮流元素等较为关注。针对这一群体,电商直播主要以时尚、美妆、数码、运动等产品为主。在直播过程中,主播会详细介绍产品的特点、使用方法等,并根据年轻观众注重社交互动的特点,在直播中也会鼓励观众之间的实时互动,并让他们评论产品和分享产品链接。此外,一些电商店铺还会邀请明星、网红等作为嘉宾,通过直播销售商品。

针对中年群体:针对中年群体的电商直播主要以家居用品、保健品、电子产品等产品为主。在直播过程中,主播会详细介绍中年观众更关注的产品实用性,并建立可信赖的形象,增加中年观众所注重的信任度。

针对老年群体:针对老年群体的电商直播主要以保健品、家居用品、医疗器械等产品为主。老年观众可能不熟悉新技术,因此电商直播内容需要简单易懂,产品介绍要清晰明了。老年观众可能更关心产品的质量和安全性,主播会强调这些方面。另外,要为老年观众提供贴心周到的客户支持服务,帮助老年观众解决购物过程中的问题,增强购物信心。此外,一些电商平台还会针对老年群体的消费习惯,推出一些优惠活动,吸引他们参与直播购物。同时,为了提高老年群体的参与度,一些电商平台还会推出针对老年群体的专属直播间,以更适合他们的方式进行直播销售。

总体来说,电商直播针对不同年龄层的群体主要通过选择适合的产品、以适合的方式进行直播销售以及推出优惠活动等手段进行覆盖。现在有很多人就算是没有想要购买的欲望,也会主动点进一个直播间进行观看,因为他们想要观看的可能不是直接的商品售卖现场,而是各种各样有趣有料的内容。观众在观看这些生动的直播内容的过程中就会被主播顺带介绍的产品所吸引,产生购买的欲望。

综上所述并对比和结合电商行业的整体现状,我们可以得出电商直播的六个特点:

1.实时视频直播

电商直播是通过实时视频流进行的,通常由主播或销售员在直播平台上进行。观众可以在实时直播中观看主播的演示和互动。

2.产品展示和推销

主播通过直播展示各种产品,包括服装、化妆品、电子设备、食品等。他们会演示产品的特点、用途和优点,以激发观众的购买兴趣。

3.互动和娱乐性质

电商直播强调与观众的互动,主播通常会回答观众的问题、展示不同的产品款式和配件,以及进行各种有趣的互动活动,如抽奖、折扣码分享等,以增加观众的参与感和娱乐性。

4.即时购物体验

观众可以在直播过程中直接通过平台的购物功能购买产品,无须离开直播页面。这种即时购物体验极大地提高了转化率,因为观众可以在被产品吸引的同时立即购买。

5.社交分享和推广

观众可以在直播过程中与其他观众交流,分享购物建议和意见。同时,主播还可以鼓励观众分享直播链接,以扩大观众群体,增加销售机会。

6.数据分析和精准营销

电商直播平台通常提供详细的数据分析工具,可以观察和分析直播时的即时表现数据和完播后的总结数据,从而帮助包括主播在内的直播团队了解观众的行为和兴趣,以制定更精准的营销策略。

电商直播融合了上述六大特点,已经成为许多电子商务品牌和商家吸引和留住客户的有效工具。

(二)电商直播的新升级——全域兴趣电商

值得一提的是,时至今日电商直播有了更多的新发展。作为新型兴趣电商排头兵的抖音电商,更是在2022年宣布升级为"全域兴趣电商",直接在首页加入了"购物"的入口,后来更名为"商城"入口,把传统货架式电商的模式嵌入抖音平台之中。

抖音全域兴趣电商是一种升级版的兴趣电商,相对于以往的兴趣电商,在多个方面都经历了显著的改进和提升。这种新型电商模式带来了更丰富的购物体验,不仅让用户能够更轻松地满足购物需求,还为品牌商家提供了更多的机会。以下将详细探讨抖音全域兴趣电商相对于传统兴趣电商的四个升级方面——

1.场景的升级:更多元的购物场景

抖音全域兴趣电商的一大亮点是其多元化的购物场景。它灵活地利用了抖音内的商城和搜索等多样化场景,以及品牌店铺的全域经营,以满足消费者兴趣延伸下的消费需求。传统的兴趣电商主要依赖推荐系统,但抖音全域兴趣电商提供了更多元的消费场景,从而更好地满足用户的多样化需求。

这种场景的升级不仅包括了用户的浏览和购物场景,还覆盖了用户的沉淀和复购场景。用户可以在不同的情境下愉快地享受购物的乐趣,无论是发现新产品还是回购旧产品。例如,用户可以通过浏览短视频或直播购买新的潮流单品,同时也可以在商城中轻松查找并购买日常所需的商品。

这种全方位的购物场景覆盖,使得用户能够更便捷地获得所需的产品,提高了购物的灵活性和便利性。

2.商品丰富度的升级:一站式购物体验

抖音全域兴趣电商通过商城和搜索两大消费场景,为用户提供了更广泛的商品品类和SKU(库存单位),实现了一站式消费体验。这意味着用户可以在同一个平台上轻松购买到更多种类的商品,无须在多个平台之间来回跳转。这一改进大大提高了用户的购物体验,不仅节省了时间,还减少了用户的决策成本,使购物更加高效和愉快。

3.消费者覆盖面的升级:更好地满足消费者需求

抖音全域兴趣电商凭借内容优势对传统电商的"人、货、场"进行了升级再造,更好地满足了消费者的需求。无论是通过短视频、直播购买还是传统的商城购物,消费者都可以轻松找到符合自己需求的商品。这种全方位的购物场景覆盖,不仅使不同类型的消费者都能够找到适合自己的购物方式,还提高了用户留存率和忠诚度。

抖音全域兴趣电商的用户群体庞大,涵盖了不同年龄、兴趣和购物习惯的消费者。无论是年轻的时尚爱好者、美妆迷还是家庭主妇,都可以在抖音上找到满足自己需求的商品。

4.品牌经营的升级:更多机会和数据

在抖音全域兴趣电商模式下,品牌可以像经营自己的线下店铺一样运营在抖音平台上的店铺。这为品牌提供了更多的营销机会,同时也让用户购物行为数据、粉丝会员等品牌资产都有了积累的地方。品牌可以通过深入分析这些数据,更好地了解消费者需求,进而制定更为精准的营销策略。

这一升级让品牌更容易与用户互动,提高了品牌的知名度和影响力。品牌商家可以借助抖音的强大流量和用户互动特性,更好地建立品牌形象,推广产品,并与用户建立更深入的关系。品牌还可以通过与知名明星或网红的合作,吸引更多的关注和粉丝,从而扩大品牌的影响范围。

抖音在升级为全域兴趣电商之后,消费者在进入抖音的"商城"页面时,会发现商城页在更多地与直播交互,并往平台上的在线直播间引流。这使得抖音的电商主页面有更强的"直播感",见下图 1-2。

图 1-2　抖音电商主页面

第二节　电商直播的发展

电商直播的发展主要分为五个阶段：萌芽期、探索期、拓展期、爆发期、全面直播。电商直播是一种新兴的购物方式，2009 年社区导购模式出现，开启了电商直播的新阶段。2016 年很多人认为电商直播进入了"直播元年"，电商行业的直播大潮逐渐兴起。2018 年直播内容不断完善，越来越多的主播加入了直播带货赛道。2019 年末、2020 年初新冠疫情暴发，在封控管理下，电商直播行业快速发展，突飞猛进。2021 年至今，抖音、快手等一系列短视频平台将电商直播市场不断扩展，并将其发展壮大，进入全民直播新阶段。

我国的直播行业虽然起步较晚，但其发展迅速且突飞猛进，其发展过程中，根据每个阶段用户的不同个性需求，其直播的方向也有所不同。直播初期，直播行业刚刚兴起，主要以娱乐直播为主，唱歌、跳舞、聊天、模仿等是直播的主要内容，主要受众是一些在闲暇时间寻求放松或寻求新鲜猎奇的用户。中期发展阶段，游戏直播开始兴起并保持了较高的热度，以虎牙电竞、斗鱼、快手、企鹅电竞等一系列游戏直播平台为主，以游戏内容为载体，主播通过自己的操作和解说为手段吸引受众，以礼物打赏及游戏广告为主进行获利，受众主要是游戏用户或主播的粉丝。受疫情影响，2020 年我国直播行业迎来了高峰期，随着时间推移，社会生活逐渐恢复，用户对游戏的关注不断减少，游戏直播、电竞直播不断减少，直播进入新阶段。电商发展阶段，虽然电商直播行业起步晚，但是其发展规模已覆盖了我国一半以上的人口，市场规模不断扩大，而且越来越多的明星也加入电商直播的行业。电商直播的不断发展，让很多带货主播从直播带货领域的网红变成了全民皆知的明星，也让明星有了新的盈利场景，促使网红明星化和明星网红化的融合趋势进一步发展。据不完全统计，近年来的"618"活动期间，有多达几百位的明星加入电商直播带货中来。电商直播促进了消费,尤其是疫情期间消费者出行不便,电商直播更好地满足了消费者的消费需求、电商直播快速发展,形成了以淘宝和抖音作为头部代表,快手、京东、小红书等其他平台也在采取各种有效手段奋力发展的局面。

看现在的新型电商直播平台的发展,抖音、快手、小红书和视频号这四个平台可能是最值得关注的,但它们各自的发展情况和特点又有所不同。

抖音:抖音是字节跳动旗下的短视频平台,于2019年开始试水电商直播。抖音直播电商业务的特点是流量巨大、爆款频出。抖音基于算法的内容推荐机制,使得优质内容能够迅速获得大量曝光,进而产生购买转化。此外,抖音还通过签约明星、培育头部主播等方式,提升直播电商的影响力和交易规模。

快手:快手是另一家短视频平台,于2018年正式推出电商业务。快手直播电商的特点是基于社交+兴趣的内容推荐机制,以及独特的"老铁关系"。快手优先基于用户社交关注和兴趣来调控流量分发,主打"关注页"推荐内容。快手的"普惠"式分发机制不易制造爆款,但造就了信任度较高的"老铁关系"。这使得快手在直播电商领域具有较强的用户黏性和转化能力。

小红书:小红书是一个以美妆、时尚、生活方式等内容为主的社交平台。小红书的直播电商业务起步相对较晚,但发展势头迅猛。小红书通过签约明星、网红等方式,提升直播电商的影响力和交易规模。此外,小红书还通过优质内容和精准推荐机制,吸引了大量年轻女性用户,为直播电商业务提供了消费能力和消费频次都较高的优质用户基础。

视频号:视频号是微信生态内的一个短视频平台,于2020年开始内测直播电商功能。视频号的直播电商业务主要依托微信生态内的巨大流量和用户黏性。视频号通过打通微信小商店、公众号等渠道,并通过配套视频号橱窗、视频号小店等电商工具和组件,实现了直播电商业务的快速扩张。此外,视频号还通过优质内容和精准推荐机制,吸引了大量年轻用户,为直播电商业务提供了有力的用户基础。

总体来说,抖音、快手、小红书和视频号这四个平台都在直播电商领域有所发展,但各自的发展情况和特点有所不同。抖音和快手在流量和爆款制造能力上较强,小红书在年轻女性用户群体中具有优势,而视频号则依托微信生态内的巨大流量和用户黏性快速发展。

电商直播的兴起,是现代消费潮流、网络直播技术以及消费者个人价值追求觉醒等一系列动因形成的产物。电商直播在我国消费领域大规模爆发,是时代赋能和内在规律综合的结果。电商直播作为在"疫情场景+信息网络"的背景下直播与营销两种业态相互融合的新型商业模式,迎来了这两年新消费最热的风口。

"万物可直播、人人能带货",电商直播发展至今,已经形成了数量繁多、类型各异、经营各样的直播企业。它的产生是伴随着科技革命、网络扩张、数字经济、消费升级而出现的。

电商直播的出现,并不是某一单项科技因素突破造成的,而是在时代潮催生下、在众多条件逐步成熟的环境中应运而生的。这种新消费模式是时代的产物。

第三节　电商直播的类型

随着科技的发展,传统电商迎来了新的发展形式——直播。如今,直播带货已经成为电商行业的标配,不仅仅是品牌商,就连金融、教育、医美、房地产、生活服务等众多行业也加入其中。而电商直播的类型也多种多样。

一、按照电商直播的模式来看,电商直播可以分为店铺直播、品牌直播、基地直播等类别

店铺直播,顾名思义,就是商家在自家线下店铺中直播。与之前的录播

视频相比,直播更具互动性,产品展示更全面。通过直播商家不仅可以获得更多流量,而且还能在互动中增强粉丝对店铺的信任。

品牌直播主要是各个品牌商在直播平台上的直播。品牌商大多会搭建自己的独立直播间,这些直播间往往都会嵌入以品牌 logo 为主的品牌方视觉识别系统,并且只卖自己品牌的商品。品牌商本身就具备一定的品牌影响力,而直播能够为品牌影响力的提升添砖加瓦。在当今的电商直播大潮中,品牌商尤其是消费品牌商已经把电商直播作为不可或缺的营销工具。在很多体育品牌直播间,可以看到他们的 logo 和广告语清楚地展现在直播间里。

基地直播是在以直播为主要销售方式的产品基地里进行直播。随着电商直播的发展,直播基地也发展出很多分类型,这些分类型大多因主题不同而有所区别。比较常见的是仓储基地和农产品基地。仓储基地给人一种量贩式的卖货感觉,而农产品基地是无固定直播间,由主播带领走入田间地头,展现的多是纯生态的农业场景。在基地直播的模式下,直播基地的货物充足且丰富,主播只需在基地搭建或选定直播场景就可以开播,同时还可以根据观众需求而筛选合适的款式,内容辨识度较高,互动玩法也非常丰富。

二、按照电商直播的玩法来看,电商直播有砍价模式、秒杀模式等多种玩法类型

砍价模式在主播介绍完产品信息之后,收集有意向购买的消费者数量,然后向货主报价,主播砍价。这个砍价过程不仅仅是观众喜欢围观的戏码,同样也能带给观众参与砍价的亲身体验,互动感十足。

秒杀模式是通过和品牌商合作在规定的短时间内做限时低价销售。通过秒杀模式,有能力的带货主播既能帮品牌商带动销量,又能在此过程中为粉丝谋取福利,以更低的折扣价买到产品。但是否能拿到令消费者满意的低价,还要看主播的带货能力,越受品牌方青睐的主播越能拿到更低的价格

优惠。

三、按照直播的场景区分,电商直播主要分为室内直播与室外直播

室内直播占电商直播的大部分,货品包含十分广泛。化妆品、食品、衣物、品牌活动等一般都会选择在室内直播。

室外直播大部分为供应链直播,比如果园、水产、珍珠、农作物等,以展示场地和制作工艺为主,为了让消费者更能直观地看到产品原生形态和生产现状,增强消费者的信赖与支持。

四、按照直播内容区分,电商直播主要可以分为产品型直播和服务型直播

产品型直播主要是售卖有形产品,比如现在抖音上主要售卖的有形产品品类有:服饰内衣、美妆、珠宝文玩、食品饮料、鞋靴箱包、家居用品、3C 数码家电、个护家清、母婴宠物、运动户外、钟表配饰、生鲜、图书音像、礼品文创、农资绿植、玩具乐器、二手闲置。

服务型直播则是通过直播将服务推销给消费者,所推销的服务主要包括生活服务和知识付费两大类。

第四节　电商直播的未来

电商直播在未来将会朝着竞争激烈化、市场规范化、服务智能化等方向不断发展,这是大势所趋,也是时代选择的结果。

平台之间的竞争将会越来越激烈。当前电商直播平台是一个新的商品

和服务收售平台,淘宝、京东、快手、抖音等电商平台和直播平台也纷纷投入电商直播之中,以获取更大更广的市场。淘宝发布了专门直播卖货的 App,并且定下了直播交易目标。截至目前,已经有超过 100 位明星入驻淘宝直播。而对此微博也不想放过这一块大蛋糕。微博也开放了电商服务平台入口,并且与淘宝直播打通互联。快手见状也在不断优化升级平台系统,想要从电商直播的份额里分一杯羹,并且紧随抖音的战略方向,在生活服务、知识付费领域不断发力。京东近年来也采取了相对应的政策,特别是在"618""双 11"的购物节期间,联手上百家品牌和头部达人开展直播,在每年的销量高峰期抢占电商直播的"大蛋糕"。但是未来随着各个平台不断发力,投入越来越多,市场被挤压得越来越少,能够挖掘的空间也会越来越少,电商直播市场将近饱和,将会越来越难以生存,而且加之电商直播体系将会越来越成熟完善,那么平台、商家之间的竞争也将会愈演愈烈。

除此之外,电商直播也在向规范化方向发展。这不仅仅是市场在制约电商直播,还有国家政策的规范。首先,政策层面,国家在鼓励电商直播稳定发展的同时,也要求政府监管机构、行业协会制定相关规章制度,来进一步规范电商直播的规范发展。电商直播市场将进一步得到健全和规范。随着市场完善和相关法律及奖惩措施的出台,电商直播将会变得更加规范自律。在这一进程中,一些相关市场规则和法令制度的颁布,将迫使着电商从业者们通过规范化运营来获取竞争优势,未来的电商直播必将会越来越规范化。

最后,电商直播也会越来越向智能化方向发展。智能化新技术的应用一直是推动电商直播蓬勃发展的具有重要地位和基础地位的力量。而现如今越来越多高科技技术的出现、发展和应用,都为电商直播的未来提供了技术支持。现在的电商直播间不但可以用绿幕抠图的形式变换各种活灵活现的生动场景,有的直播间已经用上了数字人的虚拟主播。这些虚拟主播有二次元漫画式形象的,也有仿真人形象的。尤其是一些仿真人形象的虚拟主播,完全可以达到以假乱真的程度,他们不但形象上与真人无异,而且还有非常多样的动作和表情设计,甚至语言设计上也会加入一些真人所特有的语气词和连接词,比如"呃……"这样的过渡语气词。除了场景和主播的虚拟化,产品也可以用数字虚拟技术进行多维、多角度、透视化的全面展示。传统的"人、货、场"已经在悄然地在进行着数字化和智能化重构。

随着 VR/AR 技术的应用、5G 技术的普及、AI 技术的成熟,5D 技术的出现以及数字技术的发展,未来的电商直播将会引入更多的高科技技术,向真正的立体化、全方位、全链路、全场景迈进。伴随着电商直播技术的不断发展,电商直播的规模也将会不断增大。而电商直播引入的高科技技术也可以逐渐满足消费者的个性化需求,从而解决电商直播发展不平衡不充分与消费者需求日益个性化之间的矛盾。在未来的电商直播中还可以依托云计算等技术对网站大量数据进行实时智能化处理,从而实现为消费者及时提供更加人性化、个性化服务的目标。依托这些高科技技术,电商直播将会越来越智能化,满足人们所需的个性化消费需求。

总而言之,电商直播的未来有波折有坎坷,但仍会不断发展,并朝着越来越好的方向发展。

第二章　电商直播的运营方法

导语:

电商直播的运营方法是关于如何有效地在实时视频直播环境中推销和销售产品或服务的关键一环。在这个数字化和互联网时代,消费者追求更加个性化和互动性的购物体验,电商直播为商家提供了实现这一目标的强大工具。本节将深入探讨电商直播的运营方法,从直播账号、电商主播、电商产品以及时尚传播多个维度进行阐述。

第一节　直播账号:引流、吸粉与黏粉

一、直播引流

为什么居家隔离期间,某位健身博主直播短短数日就人数爆满,礼物不断,而你直播却无人问津,凄凄惨惨呢？其中很大的原因是引流工作做得不到位导致的。我们以抖音为例来看,看看要想直播火热主要有哪些引流技巧:

(一) 视频 DOU+助推

视频预告助力是直播前期预热工作的最重要环节,告知用户什么时候

开始直播,将信息传递出去。例如某好物推荐官主打交朋友为口号的直播间曾经在直播预热视频中,会将直播时间和直播内容放在视频里,还在视频的结尾处设置悬念,吸引用户来直播间一探究竟。

另外,主播在投放 DOU+的同时也可开直播,这样在直播过程中,可以通过点击视频头像,进入直播间。

(二)公域流量推荐

1.短视频信息流

开播前发布多个短视频,并找出数据突出的视频,投 DOU+,为直播进行宣传引流。

2.直播推荐流

粉丝关注你的账号后,会在关注主页上出现直播的推荐,可以第一时间让粉丝进入直播间。

3.推荐页

直播间人气越高,推荐量越高,就越有机会被推荐到相应的直播分类中,获得更多的流量。

4.同城页

在发布视频时加上定位,粉丝更有可能因为"同城"页面的推荐而进入直播间。

(三)个人主页及昵称预告

可以在账号昵称上、简介处写上直播预告,包括直播时间和直播内容,让粉丝养成定时定点观看直播的习惯。

(四)直播互动技巧

抖音直播间的活跃度直接影响着直播能否上热门,直播间活跃度有 3 个指标,如下:

多回答问题：在直播的过程中，要让用户有参与感，不能只顾自己一个人对着镜头说话，要时刻关注公屏上的观众留言并挑选重要问题及时解答。有团队运营的可以去准备一部专门看留言的手机，让助理、助播等挑选问题展示给主播，让主播及时回答。

经常提问：除了回复用户的问题之外，你也可以通过提问的方式来了解粉丝的需求。比如提问粉丝：小伙伴们下次想要什么产品的福利优惠呢？

直播抽奖：抽奖是很多直播间都会用的方法。通过抽奖可以快速聚集人气，提高粉丝的参与度。在抽奖时，可以提前预告，以奖品为亮点留住更多的人。抖音直播的抽奖一般以福袋的形式出现在屏幕左上角，会让观众以完成任务的形式获取抽奖资格。该任务一般比较简单，但是会提高平台的考察数据，快速提升直播间热度，比如"关注主播"和一键在直播间发表"××直播，好物享不停"。这样会既提高了直播间"关注"的人数，又增加了公屏的留言互动。

（五）开启同城定位

同城定位可以让我们身边的朋友看到我们，如果附近有门店，用户可能会立马前往；如果门店离得远，用户也可以通过外卖购买美食。这样就会提高门店线上或线下的销量。

（六）直播大号评论

在我们直播没有足够粉丝的情况下，我们可以进入直播大号聊天室，在名人直播提问的时候，我们可以经常性地做出回答，实时互动，引起关注。

适当的时候我们可以给名人送点礼物刷刷存在感，向名人提问寻求答案，一旦名人回答了你的问题，我们就可以充分享受直播大号的名人效应了。

（七）直播预告文案

我们在做直播文案预告中，不用将所有的亮点、福利都告诉大家，这样用户很容易失去兴趣。我们可以留有一定的悬念,勾起用户的好奇心。比如,在某好物推荐官的直播预告中,文案设计上用"填空题"的形式,留下悬念,吊足用户口味,有趣又吸金。

"倒计时5天!如果不是全网最××,怎么会让上千万人挤在一个屋子里买东西?"

"倒计时4天!如果不能帮忙节省更多的××,怎么会让有事做的人也在这里待好几个小时?"

"倒计时3天!如果没有大量地发××,怎么会让路人也兴奋得大呼小叫?"

"倒计时1天!如果不是全程都××,怎么会让不买东西的人也舍不得离开?"

引流的方法还有很多,只要我们努力且方向正确,就会有不错的效果。由于直播电商这一新的商业模式具有很强的社会经济带动作用,不仅可以赋能传统产业、带动地区产业升级、助力具有农业产品优势的乡村地区发展,还可以催生新的就业形态,创造更多的就业岗位。所以在互联网时代,要想获取巨大经济价值,就必须有庞大的流量为基础,我们一定要重视流量的经营和发展。

也可以借鉴这样的方法来设计自己的直播预告文案,只要能勾起用户的好奇心,你的文案就成功了。

二、直播吸粉与涨粉技巧

现在各大平台都已经有了很火、很成熟的带货主播,一个新的带货主播想要吸粉、涨粉,可以借鉴已经成名的带货主播经验。

某顶流教育品牌直播间在兴起之初3天涨粉130w+,30天销售9500w。这个直播间在直播形式上采用了教培行业转型的一种特色形式:"知识+带货"跨界融合,直播间核心玩法不只是传统讲品、逼单和带货,而是把他们看过的书、品过的茶、大脑中的知识、经历变故之后的感悟化作真挚的感情表露出来,将观众的认知价值和情绪价值转化为消费价值。这个直播间主播都是老师出身,都是出国留学或名校学历,其中英语老师转为主播通过双语直播打造差异化竞争优势,双语教学加白板道具加老师人设,把信任转化为流量,增加人均停留时长,加强粉丝互动。在选品上,该直播间将品质和性价比放在首位,生鲜、日百粮油以自有品牌为主,图书也是分销货品里比较出单的爆款类目,和直播间匹配度较高。

结合这个直播间的成功经验来看,电商主播直播想要涨粉首先要有一个长远的规划,明确自己所擅长的,或者自己期望的发展方向,定位清晰,输出专业的内容,持续打造有自己属性的标签。其次直播是主播与粉丝实时"面对面"互动的过程,所以主播一定要有自己的专业技能,把自己的专业技能和有自己属性的标签结合起来,通过直播间的专业介绍以及积极的互动,吸引粉丝,培养粉丝的信任,通过你传达出的专业性、可靠性,使粉丝对你产生黏性,在买东西时能让粉丝第一个想到你。

某位粉丝过亿的搞笑博主,截取其 2022 年 8 月 25 日到 2023 年 2 月 20日这 180 天的带货数据,平均每三天直播一场,场均销售额在 2500 万到5000 万之间,也就是说每分钟他的直播间就可以卖出 10 万到 25 万的商品。场均观看人次接近 3100 万,场均同时在线人数为 53.6 万人。在选品方面,他们团队的选品策略十分讨巧,看到他们直播间的货品品类主要由零食饮料、日用百货、美妆护肤、厨卫家电、家居家纺等组成。其中食品饮料、日用百货的合计占比高达百分之七八十,以刚需消费品为主,能够覆盖大部分的粉丝需求。在价格方面,从近 30 天直播的 300 多款商品中看,平均客单价70.79 元,因此多数商品的消费门槛相对较低,是大多数粉丝都可以接受的,不会有太大的消费决策负担。在这一点上,就能被普通用户所接受。福利款的选择也很全面,能满足不同用户的消费需求,什么日用刚需、爆款产品和零食套装等都能满足各类用户的预期需求。

他们直播间氛围很好,让粉丝处于放松状态,在产品讲解的过程中,主播可以与粉丝进行无厘头互动,做出一些搞笑行为、回答,在回答粉丝问题过程中爆梗不断,直播过程中反向带货,让直播间充满欢声笑语,同时也让产品的讲解过程变得很有趣。

如何提高消费者购买意愿一直是学者关注的焦点,消费者的自身特征、商品体验、购买情境、社交体验等都会对消费者的购买意愿产生影响,而作为可以降低消费者感知风险、有利于维持与消费者关系的重要情境,直播带货对消费者的影响日益受到关注。结合该搞笑博主直播间的经验来看,当粉丝受众面较广时,直播产品选品时要满足大部分粉丝需求;直播间福利很重要,抽奖、打折、秒杀、红包雨等都可以吸引、留住粉丝;直播间氛围也很重要,要让身处直播间的粉丝处于放松状态,与粉丝进行良性互动。

无论是顶流教育行业还是粉丝过亿的搞笑博主,两者都十分重视选品问题。电商直播,产品十分重要,带货选品是重中之重。严格选品,要将品质和性价比放在首位,同时根据粉丝属性选品满足粉丝需要,直播复盘,选择销量高、品质好、粉丝喜欢的产品。

三、增强用户黏性

直播账号如何增加用户黏性?

首先,我们要了解提升用户黏性的根源。在电商直播领域中,用户黏性的提升的本质,在于能否牢牢把握住用户,进而引导其消费。

那么,接下来我们需要探索的是粉丝的消费根源所在。现今电商直播行情火热,电商主播层出不穷,对于个人主播来说,粉丝的消费根源即为"认同"。主播输出观点和人设,粉丝认同你,就等于取得了粉丝的信赖,自然就有了用户黏性。

而提升用户黏性的具体做法,可以大致分为三个方面:第一是产品,例如产品的质量、价格和售后;第二是主播,例如主播的人设和话术;第三是直播流程设计。

(一)关于产品

严格把关产品质量,做到严选品牌,了解品牌背景,做好品牌背景调查,以免上架争议产品,造成粉丝流失,损害直播间形象。

价格尽量做到在市场允许的范围内最优惠的价格,吸引粉丝购买。

不可忽视售后的重要性。一个优秀的售后体验往往是使用户成为"回头客"的关键;反之,一个糟糕的售后体验可能会使用户心生不满,造成信誉问题。

(二)关于主播

1.打造突出人设

打造主播人设是吸引用户最关键的一点。主播是谁?他有怎样的特质?打造好主播人设能够让直播间成为有温度、有人情味的直播间;我们在树立人设的时候,一定要注意我们的人设要向粉丝传达一种"一切都是在为粉丝好"的理念,让粉丝感受到我们和粉丝之间不仅仅是卖家和买家,也是朋友。只有树立起这样的人设,粉丝才会觉得主播是良心主播,跟着他绝对没错,在遇到想要购买的产品时也会优先在其带货直播间或者店铺选择。

2.进行专业分享

比如你的直播间商品是卖瑜伽垫的,你就可以在直播带货时展现一些专业的技巧分享,让用户感觉你是专业的,并且对你的商品也增加信任。

3.利用粉丝互动

重视评论,多读评论,在评论区进行互动和交流;建立粉丝群,增加粉丝荣誉感和归属感的同时,给予粉丝群专属优惠,刺激成交。

(三)关于直播流程设计

1.开播前

准备好优惠道具、关注引导贴纸、直播产品排序脚本、产品价格福利话术、福利/随机性奖励(福袋、好运来等直播间随机抽奖)和开播福利剧透视频,引导用户关注,促使用户在开播时第一时间进入你的直播间。

2.刚开播

如何让自己的粉丝刚开播就来看你直播带货?这时就需要你开播在私域粉丝群里进行通知、与粉丝点名互动、粉丝福利秒杀、直播时的内容预告、专属粉丝抽奖活动(产品/礼包/红包)、截屏直播间打卡活动(每周/月)。

3.开播中

在直播带货时一定不要让用户觉得直播间气氛是死气沉沉的,要设计好直播间的成瘾活动机制,比如不定时惊喜礼品或者红包(可以仅限关注领取/加粉丝团的用户有资格获得,但是要注意话术引导,不要被系统判定为利益诱导)、下单送/抽免单/满赠/宠粉送/开心送、点赞多少万或在线到几万人关注粉丝可以参与抽奖、点名粉丝互动+福利互动、粉丝团达到×级/分享直播间找客服领取福利等等。

4.结束前

如何让粉丝在直播间陪到你下播?可以在直播后期,把本场直播的热卖产品再次返场、对下次直播进行剧透、进行粉丝抽奖或才艺段子表演以及与粉丝点名互动等。

第二节　电商主播:直播话术与直播节奏

电商直播中,主播是整场直播活动的实际实施者,直接决定了直播活动的成功与否。虽然电商直播的主题各不相同,直播间售卖的商品的品种也不同,但是电商直播的流程的还是有一定的相似的。在直播流程中,主播的作用是,把握主播节奏、负责跟直播间的观众进行互动,引导直播间的观众进行关注、加粉、分享、点赞、互动评论等操作。而直播的话术,在整场直播流程中的主要作用是体现在开场预热、对产品的介绍、给直播间的客户进行心理建设,给商品进行报价上车、促单逼单。

电商直播中,主播运用话术,来把握直播节奏,营造直播间的营销氛围,促成直播间的观众向客户的转化,促成直播间的商品的交易。但是直播话术的使用者不局限于主播,场控、副播、运营团队等也是需要一定话术的。

按照直播流程来分,直播话术可以分为开场暖场话术、产品话术、促单话术、结束语。本节主要介绍主播如何使用开场暖场话术及结束语掌控直播节奏的。

一、开场暖场话术

开场暖场话术,是指电商直播中,主播通过相应话术,吸引流量来直播间观看直播活动,并运用相关的福利、优惠活动引导直播间的观众进行互动,营造直播间的火爆的直播气氛。同时开场、暖场也在一定程度上决定了直播间的观众对直播活动的最初印象,为后来直播效果埋下了伏笔。

开场意味着直播活动的开始,但是开场上来就直接直奔主题,介绍产品进行销售是不可取的。这时候是需要暖场的,是需要给直播间的观众一个心理缓冲和行动的准备的时间。这个时间也不会太长时间的,一般时间掌握在 3 分钟左右。在这个时间内,主播需要运用精练的语言快稳准地击中直播间客户的内心,让其感觉主播或者直播间是有趣的,愿意在直播间逗留更长时间,甚至愿意配合主播、场控等工作人员一起营造直播间的氛围。

一般来说,电商直播开场暖场的话术一般包含四方面内容:直播间的福利的内容、福利领取的条件、直播间做福利的原因以及与直播间观众进行互动。

在开场暖场的时候,主播需要通过福利来吸引客户,触及客户的消费痛点、爆点,从而引导客户留在直播间观看、加关注、加粉、分享等。主播在讲解福利的内容的时候,直播间的小黄车要显示空库存的状态或者是价格是日常的价格。福利的数量不在多,在精,优惠力度大,所以福利的领取需要有条件,无非是关注、加粉、分享、点赞、互动评论的手段。主播需要跟直播间的观众解释直播间做福利的原因。如果解释不清的话,直播间的观众认为凭什么直播间的商品的价格低,会真的发货还是假的,商品的质量是不是有猫腻,是不是一个陷阱呢?所以在直播的时候,主播需要跟直播间观众一个福利发放的理由,也是给客户一个暗示,福利的机会是难得的,商品也是高品质的。开场的时候,需要加强跟直播间的观众互动,这时候最好是点名互动。点名互动,一方面可以激起观众的积极性;另一方面也是一个拉标杆的作用。点名互动当然可以让客户更清楚福利领取的条件、流程。

直播开场暖场话术举例参考:

"各位直播间的家人们,今天开场先带给大家的是当今最时尚最火爆的热销产品×××,市场通价是×××元,今天我们直接从工厂源头进货,×××超低价卖给各位家人们,如果家人们觉得这个价格给力的话,请把'给力'这两个字打到公屏上。"

"好了,家人们,我们马上就要把这款低于市场价一半的产品放福利给大家了,但是我们福利款都是赔本赚吆喝,数量有限,希望我们的粉丝得到真正的实惠,请新进直播间的家人们记得左上角点个关注再加入我们的粉丝团。"

"如果您是想要这个大额福利的话,把关注点一下,把粉丝灯牌亮一下,请把'想要'两个字打到公屏上,我们工作人员立即统计,我们根据公屏上'想要'的数量给大家发券。"

我们来逐句解析以上参考话术。第一句话里很快推出了福利型引流产品,并且用对比的方式告知了便宜多少钱卖给大家,然后请观众把"给力"两个字打到公屏,提高公屏的互动指数。第二句话里先是再一次用实际优惠比例强调了价格力度,然后暗示只有粉丝才有优惠,引导观众点关注加粉丝团。点关注比例和加粉丝团的比例,也都是平台考察直播间的重要指数。此处有个需要特别注意的地方,现在兴趣电商的平台方打击利益诱导行为,主播不能直接说"加入粉丝团的有福利,没加入粉丝团的就没有福利了",这样有可能会被平台方的后台 AI(人工智能)抓取,视为直接的利益诱导行为。第三句话再一次调动观众进行公屏互动,并且暗示只有公屏互动的观众才能计入优惠产品的购买名单里,以此刺激观众的积极互动。这里又有一个需要特别注意的地方,不能直接说"有多少'想要'给大家上多少单"这样的话,因为这也有可能会被平台方的后台 AI(人工智能)抓取,有可能会被判定为互动诱导行为。

买家态度在平台卖家违规行为和平台型电商声誉之间具有中介作用,平台卖家违规行为通过影响买家态度进而负向影响平台型电商声誉。该结论解释了平台卖家不同类型违规行为对平台型电商声誉影响的内在机制。因此,平台方严厉打击诱导行为。

"家人们注意了,现在就要开始新人第一波福利了,×××米的超低价购买我们原价×××米的×××产品,请新人们在公屏上打一个'新'字,然后在公屏上帮我点点赞,现在点赞有一万三千五,当点赞过一万五千我们就开始放福利。"

以上话术为什么要在点赞过一万五千的时候才开始放福利,就是在拉观众的停留时长,让想得到超低价格商品的观众待在你的直播间等着目标商品开卖。注意话术中还介绍了当前点赞是一万三千五,然后设置了一万五千的目标,暗示观众不用等太长时间就可以等到目标商品开卖了,让观众停留更有盼头和动力。

二、结束话术

电商直播即将结束,但直播团队不要以为马上下播就可以高枕无忧了,这时候我们仍然要和观众进行互动。其中最重要的就是向观众预告下次直播时间和产品的一些优惠活动,让粉丝有所期待,下次还能来我们直播间。除此之外,下播前我们也要感谢观众,也可以再抽一次小奖,让观众知道我们对他们的重视。要感谢粉丝陪伴,可向直播间驻留时间较长、活跃次数较多的粉丝昵称念出并逐一致谢。

在每场直播结束后,主播需要有完整的下播话术,可以从感谢观众、下播福利、直播预告、粉丝维护等方面进行设计。

感谢观众——如"谢谢×××个在线粉丝陪我下节目,也谢谢×××和×××从节目开始就陪我下节目(榜单上的一一点名就行)。陪伴是最长情的告白,你们的爱意我记在心里了。""我要下播,希望你们能睡个好觉,做个好梦,在明天的新一天里幸福生活,咱们下次再见。"

下播福利——"美好的时光总是特别短暂,主播还有×××分钟就要下播了,感谢家人们的支持和陪伴,在今天最后与大家相处的时光里,最后给大家上个抽奖福袋,福袋里有×××。大家最后抢一次福袋,最后一次福袋的中奖率很高的,然后记得给主播点一下关注,这样下次主播开播时系统会自动给你发提示信息。"

直播预告——"今天直播已近尾声,主播要和大家说再见了,主播将在明天同一时间×××点到×××点继续开播,还没关注主播的请点一下关注,我们明天同一时间不见不散。"

粉丝维护——"感谢直播间还有×××位粉丝在下播时还在陪伴主播,我要感谢×××、×××、×××(读直播间粉丝榜单上的名字,如果人太多就只读前几名),感谢各位,今晚有你们真好,愿你们今晚愉快!"

综上,电商直播各个阶段要话术以及它的要求和标准回答模板,作为主播,明白如何做好直播的开场、暖场和结束等场合对于观看直播的朋友们的话术。

第三节　电商产品:个性、差异与比较优势

一、直播选品应注意的问题

一场带货直播的成功离不开直播前精心挑选的商品,那么,直播中的选

品应该注意哪些方面呢?

(一)选品应该符合法律、道德等规范

主播和机构应该对选品进行充分的背景调查,凡是国家禁止生产销售的产品,一律不能进行售卖;凡是有违道德的选品也不能对其进行售卖。涉及他人隐私,人身安全,财产安全和扰乱社会治安的一律不能对其进行售卖。

此外,还应注意平台关于产品销售的禁止性规定和要求。比如抖音就要求大多产品必须要有自己的商标。

(二)选品应该与账号类型相关联

如果你的账号以家电为主,选品也尽量要与家电有关。一方面,选品要在自己熟悉的领域,你能够对选品的质量、性价比和相关专业性的问题有把握解答,给粉丝介绍时也会更加得心应手。另一方面,符合粉丝对账号的预期,也有利于增加用户黏性。

(三)选品要自己先试用,找出良心选品

只有亲自使用过选品,才能了解选品的优缺点,并更好地推荐给不同需求的用户。选品质量是直播间长久发展的基石,只要受过一次欺骗,用户就再也不会回购了。用户的信任才是最宝贵、最难得的。

(四)借助粉丝画像分析选品种类

可以通过分析粉丝的年龄层和性别比例等,猜测用户的购买习惯和购买需求,通过用户画像来确定选品的定位。

(五)选品要尽量选择性价比高、有重复购买率的

性价比是用户是否会下单的最常见的评判标准。一般来说,价格在 50

元以内,用户下单时就没那么多顾虑;而价格在 50 元至 100 元之间,用户就开始有了顾虑,会考虑商品的性价比;而价格超过 100 元,用户下单会变得更加谨慎。

因此,直播间内 100 元以内的选品要占大多数。

此外,选品选择一些快消品,如纸巾等,更容易带来收益,并且能增加粉丝的活跃度。

(六)选品卖点能通过直播视频的形式体现出来

直播间带货与在购物软件购物的不同在于,直播间会有人亲自讲解商品、展示商品,并且回答与商品有关的问题,能让用户对产品有更好的了解。

如果直播不能体现商品的优点,就缺少了产品的信服力,用户不容易心动,商品不容易卖出去。

可以选择与产品相符合的场景进行解说。比如,厨房用品可以在厨房中进行展示和操作。

(七)选择高热度产品

每个季节、每个节日需要的选品都不一样,可以根据这些方面选择热门产品,比如,中秋节的月饼、春节的对联、夏天的防晒、冬天的棉袄。

在当下的那个时间段,不论人们需不需要,都一定会关注与之相关的话题。

还可以通过分析平台热门的产品排行榜和好物分享来考虑选品。

(八)选品最好有售后服务

一般在专业购物平台购物都会有售后服务,但是,在一些内容为主的平台(比如兴趣电商平台)的直播中购买商品后的售后服务却经常不如专业购物平台到位。这也是用户在直播间中购买商品的顾虑之一。

想要打消用户购买的顾虑,完善售后服务势在必行。

二、引流品、利润品、福利品

在直播带货中,直播间商品的分类主要有引流品、利润品、福利品等。

(一)引流品

引流品是吸引用户进入直播间,聚集人气,延长消费者看播停留时长,并增加直播间互动热度,使用户在热烈的互动氛围中下单购买的商品。

引流品就发挥着为直播间引流的巨大作用。一般用于直播带货开始前半个小时的热场活动。一般放在直播开头阶段,可以用来做限时限量秒杀,只有 100 个、1000 个……有利于提升直播间气氛,营造火热的交互和抢购氛围。所以你会发现,很多直播间会拿 A4 纸把直播间活动、引流品打出来,贴在镜头周围,让目标用户在 3 秒钟内决定是否要进来看看。

特点:

1.适用范围广。它是大众都想要的商品。

2.低售价。比如 1 元包邮、9.9 元包邮等价格相对较低,用户决策成本较低的产品。

3.低成本。

4.与利润品没有冲突。这是和利润品不同的商品不能有相同的功能、属性,否则消费者买利润品干什么。比如直播间利润品主打螺蛳粉,然后引流品也用螺蛳粉,这样会导致用户关注度在福利活动上,一旦卖正价款商品就卖不动。

5.非计划性消费商品。举个例子,你走在街上,突然看见一条裙子特别好看,兴奋和心动让你买下了它,这就是非计划性消费。如果走在街上,你看见路边的一辆法拉利特别酷炫,你肯定不会立刻就买,因为购买一辆汽车,你需要做大量的规划。

6.理解成本低,一秒成交。如果选择一瓶廉价护肤品作为引流品,用户会考虑这个商品孕妇小孩是否能用？有没有酒精含量等问题,这样的商品理解成本较高,不能实现一秒成交,就不适合作为引流品。

(二) 利润品

它是直播中商家用来向上寻求更多利润回报,能够满足商家的盈利需求的商品。这部分商品一般品质高,而且产品卖点上有自己的独特之处,是供应链中选出来的有爆款潜质的商品。

一般而言,利润品上架的时段都是直播间人气和流量较高,在直播间氛围良好的时候切入,趁热打铁,更容易成交转化。

特点:

1.具有竞争优势。人无我有,人有我优。

2.品质保障。利润品必须要有较高的质量保证。如果质量不能保证,会受到用户差评,影响信誉。

3.相对更高的盈利空间。利润品相对引流品,一定是具有明显更高的盈利空间的。经过直播售卖实践的打磨和检验,利润品是可能成为爆品的,从而成为商家利润的主要承载者。

(三) 福利品

福利品主要用于承接流量,让粉丝停留互动。

为什么有了引流品还要有福利品,那是因为即便引流品做了相对低价,但距离利润品的正价是有一定的差距的,经常遇到的情况就是引流品过款后正价款卖不出去,很大原因就是在于在引流品与利润品的价位衔接问题。为了尽可能避免这个问题,福利品就非常有必要。

特点:

1.它和利润品是关联产品。比如,如果是卖锅的,福利品可以是百洁布、洗洁精、清洁球等这些便宜的价格低的商品。它们跟你的主利润品铁锅是紧密相连的,但价格又便宜,也是消耗品,用户认知度高,非常容易能够拉起人气来。比如,主推品是衣服,你的福利品就可以是丝巾、帽子等。

2.非绝对低价。有的时候,引流品作为直播间开播的"急先锋",会赔钱卖,只为快速提升直播间人气和数据。但福利品往往不是赔本商品,相对于成本而言,价格与成本基本持平或只保留不大的利润空间,这样价格就处于引流品和利润品的价位之间,起到一个很好的承接作用。

三、爆品

(一)爆品的定义

爆品就是承担企业主体销售额的产品,并承担企业主要利润来源的产品。如果从平台的角度上来讲,爆品是指在同一个经营赛道上能跑赢竞争对手的产品。简单而言,就是定期将一款单品做到行业品类第一,能够让用户可直接感知,并形成口碑传播的战略性产品和服务。

(二)爆品的基本特征

1.商家需要具备的能力特征

商家除了通过运营手段去打造一个优质的爆款产品外,还需要有整体生意的运营能力。是否有足够强大的资金、供应链、足够强大的售后服务能力和议价能力,这都决定了你是否可以完整地打造一个爆款和通过爆款拿到相应的利润。同时在判断出自己可能缺乏的能力后,可以去创造条件弥补相应能力。

2.爆品需要具备的几个特点

市场:必须是大众市场产品,或者是有潜在需求产品,并且潜在需求有被证实的,需要数据支撑。

数据:点击率和转化率一定是高于同行平均水平30%的,这两个数据侧面反映了该产品的欢迎程度和商品成为爆款的潜力。点击率主要由主图、销量、创意标题、大促打标、展示价格、优惠券、其他附加服务标签等决定；转化率主要由产品的产品视频、评价、SKU 组合、榜单排名、轮播图、直播内容等决定。那么如何查看同行平均点击率呢？行业的点击率可以在后台找到搜索词分析，对行业的关键搜索词进行分析查询。可以选择过去 7 天或者 14 天的点击率进行平均数的计算，来确定行业的点击率。

3.爆款所需要的外部环境

粉丝画像：根据粉丝画像选择商品类目，选择最适合你直播间的商品。第一步就是要充分了解账号粉丝的属性。

因为一般直播初期，直播间的观看人数主要是以原始粉丝为主。想要让粉丝买单，就要研究什么样的商品可以在最大程度上吸引他们的注意并下单消费。从地域、年龄、性别、设备、兴趣分布等数据来总结粉丝的特点，以便于投其所好。

季节因素：选择应季商品，除了从粉丝入手之外，我们还可以从一些外部的客观条件出发，比如考虑季节。想要缩短用户的决策周期，迅速完成下单付款的动作，就要最快击中用户的需求点。选择应季商品就是一种最快击中用户需求点的方法之一。用户在购买当季的产品时，会先考虑当下立即使用它，从而产生一种急迫的需求感。所以对于价格的敏感度就会降低，不会过多关注商品的价格。

(三) 爆品打造方法

以视频引流为例，首先，拟定一个开播时间，然后在开播 15—20 天之前开始发视频，做 AB 测试。引流短视频的 AB 测试常在这几个维度进行测试：一是不同时间段的视频流量表现；二是不同的产品文案；三是不同的产品拍摄角度；四是不同的背景音乐或解说风格。通过 15—20 天的 AB 测试，从后台检测到的数据来分析哪些维度的组合能带来最多的视频流量。做 AB 测试时，要求视频量必须充足，能够涵盖所有主要的维度。

然后，在确定的开播时间段，发布上述的最优维度组合所构建的视频，并且观察视频火爆的程度,配合直播间的销售节奏,并不断优化调整。

最后,当这个计划能跑通时,应该保证直播间在每天连续长时间在线。抓住跑通计划后的即时红利期。

第四节　时尚传播:直播的本质是一场传播

一、电商直播是时尚直播的一种形式

电商直播被视为时尚传播的一种形式,这是因为它在很大程度上与时尚产业的特点和需求相契合。我们可以从以下方面寻找二者的契合之处。

(一)视觉导向性

时尚是一个高度视觉化的领域,而电商直播通过视频直播的方式提供了一种生动的方式来展示产品,包括时尚商品。观众可以看到模特穿着服装,演示化妆品,以及其他时尚产品的细节。这种视觉呈现使消费者更容易理解产品的外观和效果。

(二)即时互动

电商直播通常具有即时互动的特性,观众可以在实时中提问、评论和与主持人或销售人员互动。这种互动性与时尚行业的社交性和互动性非常契合。观众可以提出问题、寻求建议,并与其他观众分享他们的看法,这种互动有助于建立社群感和品牌忠诚度。

(三)产品演示

时尚产品通常需要在体验之后才能真正理解其价值。电商直播提供了一个平台,销售人员可以演示如何穿搭、如何使用化妆品,以及如何搭配时尚配件。这种产品演示有助于消费者更好地了解产品的功能和使用方法。

(四)快速购物体验

电商直播通常与在线购物平台紧密结合,观众可以直接在直播中购买他们喜欢的产品,而不必离开观看直播的界面。这种即时的购物体验与时尚行业的迅速变化和快时尚趋势相符合。

(五)社交因素

时尚传播和社交媒体有着密切的联系,而电商直播可以被视为一种社交时尚传播方式。观众可以通过评论、点赞和分享来参与到直播中,同时也可以与朋友和关注相似时尚兴趣的人分享他们所看到的内容。

综上所述,电商直播与时尚传播之间存在多种相似之处,包括视觉性、互动性、产品演示、购物体验和社交因素。这些因素使电商直播成为品牌和零售商吸引消费者、推广产品并建立品牌形象的有效工具。

二、直播的本质是一场传播

电商直播的本质是电商,而不是直播。电商是基础,直播只是手段。所以电商直播的本质就是一场传播。

最近这些年,电商直播的爆红,在各个平台活跃起来,也让人人的生活之中都接触到了电商直播。人们从淘宝、京东等各大电商平台上购物演变成从电商直播的直播间购买物品。但是在这个过程中,我们大部分人都被误导了,电商直播只是电商发展过程中演变的新的形式,直播也只是电商发展的新渠道,利用直播来抢占市场,扩大自己的市场影响力。所以,电商直播的本质是传播,直播并不是重点。因此,很多人认为电商直播需要大网红,或者粉丝体量大的、有知名度的才有传播力度,但实则不然,明星的宣传与网红的加入只是增光添彩,而不是必需的。

电商直播,本质还是电商,直播只不过是一种表现形式,它将媒体、娱乐、文化等诸多元素带入到了渠道推广以及品牌的打造中来。它具备场景化、人格化以及娱乐化等优势,可实现在线互动,讨论,促进成交,从而增加转化率。说得直白点,就是云摆摊,在这种表现形式当中电商的传播力度高于传统的销售方式,不需要传统的商铺经营,线下实体店的加盟。电商直播主要表现为线上直播带货的形式,门槛较低,更加提高了传播力度,不再拘泥于传统。

然而,传播是什么?传播的解释非常多,据统计关于传播的定义有100多种。不过,我认为传播就是传达到,播出来,把想说的事情传递给受众的过程就是传播。传播需要的是效果,即传达到想要表达的信息,并且取得受众的反馈。传播就是指两个相互独立的系统之间,利用一定的媒介和途径所进行的、有目的信息传播活动。

因此判断是不是传播,可以依据是不是满足了传播的要素来看。传播有五大要素:传播主体,即传播者;传播的客体,即受众;传播信息,即传播内容;传播渠道,即传播媒介;传播效果,即反馈。电商直播恰恰满足了传播的五大要素,主播是主体,观众是客体,直播带货的内容称为传播信息,通过直播的方式则是传播渠道,而得到的直播结果便是一种传播效果,所以我们说电商直播就是传播。

其实电商直播的本质是传播,电商说到底就是一场传播,传播的途径的多样化更加丰富了商业化的进程,更多的产品增加了曝光度,也增加了传播范围和传播力度。电商的整个过程都与传播紧密相连,具有传播需要的各种要素。电商直播有明确的传播主体与传播客体,传播主体就是各大直播间的主播和各大品牌商,传播客体就是消费者、购买者。它所要传播的信息就是宣传产品、尽力让消费者购买其推销的产品。传播的渠道就是直播、短视频。传播效果就是消费者对于产品的各种反馈,无论是好的还是坏的都属于传播效果。

所以电商直播的本质就是一种传播,电商直播满足传播的要素,且电商直播依据的平台,也是以传播为目的,电商直播的电商与直播形式只是为传播打开渠道,拓宽市场。

第三章　电商直播的筹划与准备

导语：

电商直播的筹划与准备是在实施直播前的关键步骤，它直接影响了直播活动的成功与否。在这个阶段，商家需要仔细考虑直播的定位、策划、脚本设计等方面的因素。本节将深入探讨电商直播的筹划与准备，提供有关如何规划和准备一个成功的直播活动的关键见解和方法。

第一节　电商直播的整体定位

网络媒体发展具有实时性、真实性和直观性的特点，这使得电商直播在整个直播过程中与观看者之间的信息都是在及时、精确地传输并且不断地即时交互。所以，要更好地实现电商直播的实时交易，就必须要把握好自己的定位。要让直播公司或者直播团队更好地了解业务的运作规律，并能有效地提升直播的影响力。

电商直播团队是根据其自身的专业知识和实践经验，通过实际的评价、反馈和互动交流，提供购物的意见，从而推动消费的转变。直播取得好成绩，本身就是一件很复杂的事情，而要做到这一点，就必须精准地把握住顾客的需要，抓住顾客的心理痛点，并在直播中寻求差异性的突破口。具体来说，它分为四个步骤。

第一步,对消费者进行深入研究,分析消费者的基本参数。这些基本参数在电商直播行业通常被称为"用户画像",如性别、年龄、职业、收入水平、地理位置等。做"用户画像"就是在完成消费者细分,目的就在于通过技术和投流的手段,为直播间挑选合适的直播对象,以使直播有的放矢。

第二步,为推荐产品选择最适合的消费群体,完成消费者画像。在这个过程中,企业需要解决"6W1H"相关的问题。即:哪些人是我们的直播对象、他们需要买什么、为什么买、哪些人参与购买、如何购买、何时购买等问题。这有助于了解消费者的行为特点,帮助主播做出更有效的直播行为,并为供应链等相关人员提供参考依据。

第三步,有效构建消费者需求的痛点、直播的看点、直播产品的卖点,提升直播的商业价值。就目前而言,电商直播不仅头部效应强烈,同质化现象也非常严重。多数直播间的定位都围绕着专业性、性价比、货品丰富等关键词,甚至这些关键词已经成为直播间的标配属性,但这样的直播间定位显然已经很难使其在无数竞争者中脱颖而出。如何打造有趣、有料的直播内容、建立直播间特有的直播调性,打造直播间的核心竞争力,才是需要思考的方向。

第四步,电商直播企业要有明确的市场定位和商业逻辑,不断塑造符合品牌、商品特点的直播间形象和特殊性,通过培养和鼓励消费者的心理认知,加强消费者的认同、支持和对自己直播间的选择偏好。

根据上述四步做好整体定位的同时,需要根据定位匹配合适的直播平台。例如,如果目标受众是年轻人,那么抖音直播可能是更好的选择;如果目标受众是中老年人,那么视频号直播可能是更好的选择。再例如,时尚、美妆类商品在淘宝直播和抖音直播都能得到很好的展示,而某些打造人设的生鲜类商品可能会更适合视频号直播。另外,直播团队还需要考虑平台上的竞争情况,如果直播商品在某个平台上的竞争过于激烈,可能需要考虑选择其他平台,以避免过度的竞争压力。还有,直播团队需要了解各平台的流量情况和政策规定。选择流量大和对自己商品有政策扶持的平台,有助于提高直播的曝光度和收益。

第二节　电商直播的具体定位

"工欲善其事,必先利其器。"在电商直播之初,应该对直播有清晰的定位,并根据定位进行基本的准备。直播定位是"人、货、场"三大元素的综合定位。在对这三大元素进行综合定位的时候,我们认为"货"是居于基础地位,它决定了"场"和"人"的元素应该如何为其服务。因为电商直播的利润是靠卖货产生的,以"货"为核心去布局电商定位,就是以收益为核心去安排各要素的搭配,从而更好地实现销售目标。

一、对电商直播做"带货"分类

电商直播是怎么带货的?带的什么货?围绕这两个问题将现在电商直播带货的主流形式进行分类,大致可以分为两大类:

第一大类是快速过品,只介绍售卖商品的核心卖点,花在单个商品上的讲解时间比较短,所售卖商品的品牌多数不具备知名度,主要以实惠、实用等特点来打动消费者。当然,也有一些集合名牌的商家比如奥特莱斯,由于所售商品 SKU 过多,也采取快速过品方式进行售卖。

第二大类是对商品进行详解,会从多个角度展示商品,并在直播间对商品当场试用试吃,这些详解商品的情况大多都是力求树立和打造品牌的商品。而这第二大类又可以进一步分为品牌方直播间和明星网红直播间两个细分类别:品牌方直播间大多是以品牌方自己的主播为主进行商品的展示和销售,售卖的商品也基本上都是自己品牌下的,也基本上都是同品类的商品。明星网红直播间则是明星网红本人亲自做主播,然后和很多品牌方合作,售卖品牌方的商品,这些商品品类各异,而且大多数来自知名品牌。

二、根据分类确定场景

明确了上述这些分类后,对直播的定位就会比较清晰了。如果是快速过品,那么场景的设置比较倾向于做量贩式超市、大卖场等仓储式场景。需要指出的是,虽然快速过品多选择仓储式场景,但并不是所有仓储式场景都是在用快速过品的方式进行售卖,快速过品和仓储式场景只是交集关系。图3-1在采用快速过品的方式进行售卖。图3-2虽使用仓储式场景,但并没有采用快速过品的方式售卖。

图3-1　一位女主播在用快速过品的方　　图3-2　一位男主播使用仓储式场景讲

式直播卖货　　　　　　　　　　　　　解货品

不过,最近又有一个很明显的趋势是,有不少垂直品类的头部主播为了不浪费其直播间流量,在凌晨的时候做快速过品式的销售。但为了让老粉丝能够认出是这些垂类头部主播的直播间,直播间的背景并没有做任何改变。

现在随着各大电商平台对注册商标的要求越来越严格,"货"其实可以分为品牌和商品两大部分。

品牌的直播场景,最需要注意的是要突出品牌的视觉元素,直播间的搭建要尽量与品牌的视觉识别系统（简称 VIS，英文 Visual Identity System 的缩写）相一致，主要体现在直播间要把品牌 logo 清楚展现出来，以及直播间的背景颜色与品牌识别色相一致。如我国国有企业"××优品"直播间，就清楚地展示了他们企业的名称和品牌 logo，其直播间的背景图案也是以他们企业的品牌识别色——绿色作为主色。

　　品牌的直播场景，还需要注意直播间的贴片、装饰、道具等，也要与品牌调性统一起来。比如在某企业直播间，我们可以注意到，有一个挂着绿色送报袋的旧式自行车摆放在商品之中，这是以前邮政人送报的标志性工具，可能会让不少人回忆起老邮政人顶风冒雨艰苦送报的形象。因此，这样的道具让人们联想到了过去，就会在无形之中增强对"××优品"直播间的信赖感。

　　下面我们来讲直播间的贴片，贴片是在后台制作添加的、在前台的直播间里进行展示的非常重要的图文形式。贴片可以是图形，可以是文字，也可以是图文的结合。很多品牌还在直播间的左上角做了一个图文结合的贴片，把促销商品以及赠品都用具体的图片进行了展示，这样观众就不用再去小黄车的商品详情页里去看具体的商品和赠品了，方便观众在第一时间接受全面的促销信息，并在很大程度上可以促使观众尽快地做出消费决策。还值得指出的是，某些直播间的背景并不是实景，而是用到了虚拟背景，但是与前景主播和商品的结合度非常好，展现了极佳的场景效果。

　　除了上述品牌直播场景中的视觉元素，还有背景音乐（简称 BGM，英文 Back ground Music 的缩写）也要与品牌相符。比如某大众饮品品牌的直播间，曾经就经常响起他们的主题曲："你爱我，我爱你，××××甜蜜蜜……"

　　而在明星网红的直播间里，商品品类综合多样，直播间会利用绿幕切换背景或者背景大屏切换内容的形式，对正在详细介绍的商品匹配具体的背景进行展示，这种非实景式的背景就是我们前面所提到的虚拟背景。这些专为特定产品制作的背景，不论是图片还是视频的形式，都应该尽量贴合产品风格，并把产品富有竞争力的价格、特点和使用场景等重要信息做清楚的展示，有助于让观众更好地理解产品，提高他们的购买兴趣。

在做商品详细说明的时候,直播间所使用的道具(比如手举的牌子)多是对商品重要特点的补充,或是展示当前的优惠政策。这些道具可以起到视觉引导和强调关键信息的作用,有助于观众更容易地记住商品的关键卖点。

三、根据分类确定主播

以上是根据电商直播的分类确定带货场景,那么如何根据分类确定主播呢? 主播调性是要与商品的售卖方式、品牌的调性相一致的,比如"三农"直播间的主播就更适合质朴一些的造型,整体形象应该简约大方,避免过于华丽或时尚的装扮。可以选择一些朴实、自然的服饰,给人一种亲近的感觉。"三农"主播的妆容也应该以自然为主,避免过于浓重或夸张的妆容。可以适当化妆,但不要让妆容成为主角,以免影响受众对农产品的关注和信任。"三农"主播的语言应该亲和、自然,避免过于夸张或做作的语调。"三农"主播还应该具备一定的农产品专业知识,能够用一些通俗易懂的语言向受众介绍各种农产品的特点、营养价值、食用方法等信息。这可以让受众感受到主播的专业性和真诚,增加受众对农产品的了解和信任,提高直播的转化率和效果。如果在特定地区进行直播销售特定农产品,还可以考虑选择具有当地特色和口音的主播,以增加地方认同感和亲近感,如图3-3,一个形象质朴大方的"三农"主播,售卖以经济作物为主的农产品。

如果违背"什么人卖什么货"这样的一种基本商业逻辑,即使主播再光鲜亮丽,可能也无法取得好的带货成绩。中老年服饰找了个漂亮小姐姐进行展示,如果主播不去专业模仿中老年妆容而仅是穿衣展示,可能就会效果不佳,如图3-4所示。

而中老年大叔展示自己身上的服饰,他自信潇洒,脸上隐约露出了阳光般的微笑,这样符合"什么人卖什么货"的商业逻辑,会带来较好的效果,如图3-5所示。

图3-3　一位"三农"主播直播售卖农
产品

图3-4　一位漂亮女主播穿着中老年服
饰直播售卖中老年服装

图3-5　大叔直播展示自己身上的服饰

　　还值得注意的是,现在很多品牌直播间在打造品牌IP的同时,也在打造主播IP,会把主播的名字或昵称也做展示。

　　在构建与直播间相匹配的主播视觉化要素同时,也要注重主播的在口播方面的脚本和重点。在快速过品型的直播间,也是有福利品和利润品的产品,福利品起到重要的引流作用,利润品占据主要的收益比重。因此,在口播福利品和利润品的时候,应该注意语速、语调、音量的有机结合,既要说清楚产品的核心卖点,又要营造紧迫的抢购氛围。而在品牌直播间,主播则要注意经常口播出品牌名、品牌口号等。

四、直播发布的定位

在发布直播的时候要填写一些信息:

标题:标题会影响买家的点击量。如果标题是大码女装,苗条的用户就不会订阅。因此,标题必须与我们的直播产品相一致。此外,标题应该强调产品的特点,否则买家为什么会选择你的直播间?因此,标题必须强调吸引力。

封面照片:封面照片的作用类似于产品的主照片,直接影响买家的点击率,因此封面照片需要对买家有很强的吸引力。选择封面照片的时候,请先测试一下。怎么测试?在还没有直播数据的情况下,可以请朋友圈亲朋好友选择,然后直接参考反馈资料,选择最适合直播的封面照片。当有了稳定的直播数据,可以把有吸引力的封面照片在直播时轮番使用,进行 AB 测试(主要测试在观众看到封面照片后点击进入直播间这一环节的转化率),并根据测试结果来确定常用的直播封面照片,并进一步总结转化率最高的封面照片类型。

直播时间:前期直播应当避开黄金直播时间,比如晚上直播的黄金时段,也就是每天流量最高峰的时期。因为刚开播的主播在这一时期去抢流量,是抢不过成熟的优秀直播间的。

第三节　电商直播的前期策划

一、电商直播的流程策划

(一)直播时间

电商直播的时间段因人而异,因物而异,总的来说是应该根据所面向的消费者的特点来决定。

电商直播基本上全天候都可以卖货。针对不同的产品,不同时段也有高低峰之区别。但是不论什么产品,在晚上 8 点到 11 点之间肯定都是卖货的黄金时段,很多大主播都会在这个时候进行直播卖货。建议每个主播根据自己的实力和合理的峰值,选择合理的时间段。尤其是在电商直播的早期,要通过测试对比找出最适合自己的卖货时段,以便快速积累更多的人气。

(二)直播主题

确定电商直播的直播主题,是电商直播策划的重点之一。只有主题确定,后期各种产品方案、营销方案才能够依据主题做好策划。

电商直播的主题一般应该优先考虑当前的人气主题,例如七夕节、"双11"等人气销售时间段。直播间也可以自己策划纪念日主题,例如开播一周年、品牌成立纪念日等。还有很多直播间可以随时联系时间、事件来制造各种主题或者说是优惠的借口,比如:"二月份最后一天直播,清库存冲业绩啦","三月份第一天直播,崭新的开始有崭新的福利啦","中国队战胜×××队,开心送福利啦","杨紫琼成为首位奥斯卡华裔影后,女性用品全部半价狂欢庆祝啦"。

(三)直播营销规划

直播营销规划是提高直播间转化的关键点,可以按照吸粉、转化、裂变、留存四个方面进行规划。

1.吸粉

这一点其实就是直播预热。我们可以利用微信公众号、微信群、朋友圈、微博、抖音等各种平台进行直播预告。但是,要注意发布预告的内容,合理避开各平台对站外引流的限制。

2.转化

为了提高粉丝的转化,可以采取抽签、秒杀、优惠券、团购等方法。方便的方法是每一次直播选择4—5种秒杀产品,价格设定在日常价格的5折左右。另外,必须强调的是,只有在直播期间购买才能享受这个价格。

3.裂变

以优惠的价格进行团购可以产生良好的裂变效应。另外,这也是发放礼券和礼品的绝佳途径,可以激励团购参与者及时地传递消息。在直播的时候,可以用类似团购的方式暗示粉丝去拉更多的用户参与购买,比如"够×××人我们就上车"。

4.留存

直播过程中,进行不定时抽奖,或者引导粉丝关注直播间,加入粉丝团等,都可以实现留存。在提升直播间留存的时候,直播参与人员要及时引导和回复用户,建议提前准备各种引导话术,从而提升用户的转化效率。

(四)直播产品策划

不论是供应链合作还是品牌自营,都需要为直播间选择合适的商品和排品顺序。对于如何在直播间做产品营销,是一个极其综合性的工作,它包括产品的脚本策划和制作。关于直播产品的脚本策划包括整体的营销节奏、产品讲解节奏、气氛配合等,还包括每个产品的展示时长和展示方式,这些都需要提前规划好。

(五)直播复盘

对直播进行复盘,关系着下一次直播的规划改进。无论直播带货效果好坏,都必须进行复盘。具体的复盘方法请参阅本书第十章《直播复盘》的相关内容。正确复盘所得到的改进经验,对下一次直播策划有着重要的指导意义。

二、主播人设以及直播账号的选择

如果主播人设打造得好,更容易把观众留在直播间,就算不买东西,也会因为主播人设鲜明有趣而留下来，黏性也会更强。

打造直播人设，我们需要做到以下几点：

（一）完善账户信息

包括头像、昵称、背景图片、个人简介。将其设置为与账号的基调一致，这样人们一眼就能看出账号是做什么的。另外，如果有蓝 V 账号，可以直接使用店名，打造一个老板或主管的人设，突出一手货源优势。如果是个人号，可以直接在账号名称上表明外形、个性上的一些鲜明特征。比如"135 斤的甜茶"，强化人设和特征。

（二）优化视频内容

很多观众都是通过短视频来了解一个人，了解一个账号的。电商直播账号在兴趣电商平台上所发布的短视频内容应当尽量垂直，与账号定位相匹配。视频封面最好是带标题，既方便观众快速获取视频信息从而吸引观众点击观看，又有利于被平台 AI 抓取和理解从而推送更精准的观看流量。这算是一个小技巧，就连抖音官方自己的账号也是这么做的。另外，建议给账号下的视频作品添加一个风格统一的封面，一方面让主页的作品流显得整洁；另一方面统一的封面风格让观众避免受到因封面杂乱无章而带来的干扰，从而更好地获取封面信息，并通过封面信息一目了然地知道视频内容，这对提高点击观看视频的效率和转化率都极有帮助。

（三）协同直播内容

直播内容当然是要和人设、账号定位相符合。例如，一名吃播带货的时候，直播内容就要以食品为主，直播间的打造也要尽量与食品相关，突出美食氛围，勾起观看者的"馋虫"。除此之外，主播的话术、语速、着装等，都尽量和主题、人设相符合，强化人设，给观众留下记忆点。

第四节 电商直播的脚本设计

一、什么是直播脚本

直播脚本可以看作是串联直播间的剧本。电商直播的脚本通常包括以下方面:时间、地点、商品数量、直播主题、主播、预告文案、重要话术、现场控制、直播流程(时段)等。

直播脚本首先是一个贯穿整个直播流程的底本。通过事先决定整个直播的流程,主播可以准确地知道自己什么时候在做什么。其次,脚本中需要有介绍商品的语言。因为光简单提及这个产品是不够的,必须用清晰简洁的语言向买家传达产品的优点。此外,根据产品的价格特点定制促销活动。例如,高单价的商品可以赠送直播间专用的大额优惠券,低单价的商品可以赠送抽奖券。

二、怎么写直播脚本

在设计和撰写电商直播脚本时,得先搞清楚直播脚本在整个直播活动中的作用:一份高质量的直播脚本,需要提前把直播时间、地点、产品讲解、上架顺序、直播抽奖等各个环节进行安排。按照直播脚本,相关直播人员可以在直播前做一遍预演,让直播得以顺着流程走完,有助于提升直播效果和带货转化。同时,直播脚本中所设计的直播话术,帮助主播在直播时根据话术提示调动直播间氛围,促进直播间成交。一场带货直播结束后,还会结合直播脚本进行复盘,会更有针对性地分析各个环节的优缺点。

在撰写直播脚本时,还需要结合以下内容考虑。

(一)确定主题内容

本场电商直播的主题是什么？风格是什么？具体的带货形式是什么？根据直播间受众的用户画像以及直播账号的定位,确定整场直播主题。在撰写直播间脚本的时候,还需要注意的是,直播内容要紧凑、有趣、有互动性。

(二)准备直播设备

直播脚本中很多效果的实现,需要有配套的直播设备做好配合。一场直播的基本设备包括:手机/电脑、声卡、麦克风、补光灯等。如果是美妆直播,还需要灯光具有一定的美颜作用;如果是服装直播,还需要准备晾衣架,并保证直播场地足够宽敞。

如果要结合一些才艺展示,比如某教育品牌直播间的主播就经常会在直播时献唱,那么就需要保证直播环境安静,准备好收音设备,保证达到最好的唱歌效果。

在确定主题内容后,根据内容需求,在准备最基础的直播设备情况下,还需要完善直播内容所需要的器材、工具。

在电商带货的直播间,可以从这样的一个直播顺序去撰写脚本的各个环节:开场白、介绍品牌、展示产品、介绍产品卖点、演示产品功能、展示背书或用户评价、宣布促销信息、倒计时促单。其间,要在各个环节设计话术,引导观众的互动。

三、直播脚本参考样例

具体卖货的电商直播脚本,需要更细致的规划和撰写。下面是某美妆品牌举办 PK 赛活动的直播脚本,这仅是一个大框架的直播活动脚本,仅供参考,见表3-1。

表 3-1　某美妆品牌举办 PK 赛活动的直播脚本

时间	大唐花"COS 中国古典女神"PK 赛直播流程
19:00	主播开场(介绍到场嘉宾,预告将有神秘嘉宾) 10 位 KOL 与评选胜出的 10 位素人(以下均简称为"选手")
19:05	主播介绍大唐花"COS 中国古典女神"PK 赛活动内容,并请粉丝关注大唐花××旗舰店,有机会参与活动抽奖
19:10	介绍选手出场,主播与选手进行互动;期间继续口播请粉丝关注大唐花××旗舰店 选手做自我介绍 选手介绍 COS 的古典女神并说出选择理由 选手对大唐花品牌的印象
19:20	PK 赛开始,化妆过程中主播随机采访选手,由选手介绍自己的妆容特点和重点需要使用到的大唐花彩妆系列产品 此时主播口播推一波同款福利:"请粉丝关注大唐花××旗舰店,参与大赛指定彩妆系列的特价活动。"
19:30	主播介绍并请出神秘嘉宾(×××明星)
19:35	×××明星与选手共同进行 COS 古典女神的仿妆,其间与主播互动,介绍所用到的大唐花彩妆系列产品,并邀请×××明星与选手互动,实时给出建议 底妆:大唐花×××气垫 BB 　　　　大唐花虫草×××精华粉底霜 眼妆:大唐花×××眼线笔 　　　　大唐花×××睫毛膏 唇膏:大唐花×××润唇膏
20:35	×××明星与选手都结束 COS 古典女神妆容后,一起携手展示妆容
20:40	×××明星联手大唐花彩妆师、×××知名化妆师一起对选手的 COS 妆容进行点评,并协商选出多位获奖者,不同奖项的获得者会得到不同的产品奖励和现金奖励 现场推出×××明星与大唐花联名爆款,并作为首席大奖发放

续表

时间	大唐花"COS 中国古典女神"PK 赛直播流程
20:50	邀请×××明星、×××知名化妆师与选手们手捧大唐花的彩妆系列产品一起合影 ×××明星做口播介绍,引流大唐花春季优惠活动
21:00	活动结束
×××明星口播	
步骤	
预热(×××明星口播):大家好,我是×××,参与大唐花"COS 中国古典女神"仿妆PK 赛,再现中国古典文化,××月××日我在大唐花直播间等你来 PK! 活动结束:进入大唐花公众号小程序,测测你的前世是哪位古典女神？疫情过去后的第一个春天,来大唐花××旗舰店,打造你的女神范!	

第四章　电商直播的岗位职责和场景搭建

导语：

在电商直播这个蓬勃发展的领域中，不同的岗位扮演着关键的角色，协同合作以确保成功的直播活动。电商直播的岗位职责涵盖了内容创作、技术支持、市场推广、运营管理等多个方面。同时，为了提供令人难忘的直播体验，场景搭建也成为至关重要的一环。本节将深入探讨电商直播的岗位职责和场景搭建，帮助学生理解各个岗位的作用以及如何创造引人入胜的直播环境。

第一节　电商直播的岗位职责

"凡事预则立，不预则废。"要保证电商直播的顺利进行，必须"一个萝卜一个坑"，按照实际情况搭建合理的电商直播团队，并明确每个岗位上的职责和分工。

一、电商直播团队的构成

在一个标准化程度较高的电商团队中，电商直播团队的分组和具体岗位职责应该明确，如表4-1所示。

表 4-1　电商团队的分组和具体岗位职责

组别	岗位	职责
直播团队	总负责人	负责整个直播的统筹和策划、目标的设计和校正、结果的产出和验证,对直播的综合效果负责
出镜组	主播	直播出镜的核心人物,参与直播策划和选品,按照脚本和流程完成直播任务
	副播	协助主播完成直播任务,补充介绍产品特性和卖点,负责产品演示
	嘉宾	通常是品牌方代表,明星、网红等,受邀参与直播,根据直播要求完成任务,比如讲话、演示等
运营组	策划	负责直播活动的主题策划、直播排期、复盘总结等
	助理	协助运营策划完成直播间的场景搭建、嘉宾邀约、数据分析等工作
	场控	负责直播现场的置景、道具、产品摆放、产品演示、对主播做各种提醒、应对和处理各种应急事件;负责软件后台的商品上下架、优惠券、红包、福袋等的发放
招商组	招商	负责供应商的对接、商品的选品和提报、商品价格的确认和优惠谈判、样品管理、商家与平台的结算等
内容组	设计	负责设计制作直播间背景、贴片、预热海报、战报等
	摄制	负责直播间直播场景的拍摄、补光,以及后期直播素材的剪辑和视频制作等
客服组	客服	负责售前和售后咨询、处理售后事务

　　需要注意的是,不同的直播团队在组别划分、岗位称谓、岗位职责等方面都不尽相同,比如有不少直播团队将主要组别划分为现场组和运营组,现场组除了主播、副播、嘉宾外,还有助播和中控,中控的职责会涵盖上面表格里一些场控的职责,比如后台的操作和监控。在不设置副播的直播间,助播还兼具副播的一些工作职责,比如以画外音的形式喊出产品卖点。因此,在电商直播团队的构成上,没有绝对的行业标准,上面表格中的内容仅供参考。

二、电商直播团队主要人员职责详解

前面讲过,不同直播团队的岗位称谓和职责不尽相同,但因为直播间里需要负责的事务从总体上来说是基本相同的,所以学习时应该重点着眼于直播间都有哪些事务需要处理和执行。

前面还提到,很多直播团队在岗位称呼上,有助播和中控。实际上,尽管岗位称谓各异,但是绝大多数有一定体量的直播团队是围绕主播、助播和中控为核心打造的。当团队规模比较小的时候,也至少保证有主播、助播和中控三个岗位的人员为宜。下面,我们就从把这三个岗位的职责进行详解,以便大家在学习的时候清楚电商直播流程中的全部操作。

(一)主播

1.熟悉直播脚本

了解脚本中产品的直播顺序、每种产品的过品时长要求,对引流品、截留品、利润品、福利品、爆品、预爆品等重要商品做重点预习,确认重点商品的品牌、品名、规格、优惠活动、物流快递、售后服务等主要信息。这里需要尤其注意的是,对要直播名牌商品的其他知名竞品做好区分,以免展示甲品牌,却口误说的是乙品牌。因为名牌竞品信息有很强的认知度和记忆点,对直播名品有一定的混淆度,有口误的风险,很多知名主播都曾经犯过类似错误,所以要格外注意。

与其他直播参与人员确认品序和这些重点商品。确认脚本中无违禁词和其他可能产生违禁风险的话术(比如有明显利益诱导倾向的话术)。

对之前复盘中的问题,尤其是最近一次直播中出现的问题进行回顾,避免出现同样的错误或者明确解决方案。

2.化妆和服装

一般情况下,主播应该带妆上播,按照主播风格、品牌调性等综合定位,准备好正确的妆容和发型。需要注意的是,在一定的时间内尽量保持一致的形象风格定位,根据特殊的节日、特殊的品牌要求或不定期可以用不同的主题装扮自己,让观众产生新鲜感。除非特殊设定,既不要素颜出镜,又不要把妆画得过于油腻。

主播的服装应该干净、整洁、健康。主播直播中应注意避免走光,否则很容易被判定违规,因此主播尽量不要穿低胸、深 V、有透视效果的服装,还要注意不能大面积地去裸露文身。当服装领子为敞口或相对低胸时,在需要弯腰的时候应用手遮住胸口的位置。在很多品牌直播间,主播着装还要考虑与品牌视觉识别色或常见品牌服装相符。比如某些线上线下同步的饮食直播间,主播就会选择穿与线下店里的店员完全相同的工作装,让人很容易进入到品牌情境中去。

3.确认商品和道具摆放正确

将直播中要展示的商品以及配合的道具按照直播品序全部放置到固定位置,避免在直播过程中衔接不上商品或者到处寻找道具。

4.检查与主播有关的设备是否可以正常使用

主播应该至少在正式直播的 20 分钟前,检查与主播直接相关的设备如麦克风、耳机等是否可以正常使用,并且配合中控做其他设备如电脑、摄像机、灯光等的调试。

5.确认与其他员工的配合

主要是与助播、场控等人员确认如何配合去拉动直播间气氛,包括整体气氛的保持和特别商品如福利品出现时如何提高直播间热度。这些配合主要包括助播的随声附和、及时助演,还有场控等在灯光、背景舞台效果、背景音乐等的切换和调度。这里需要着重确认的是,要验证直播效果是否良好,可以用直播伴侣预览一下直播间的实时画面,或者点击直播伴侣中的"本地录制",录制直播间的实时画面与声音后传输到手机上进行预览,看看视频效果、音频效果、灯光效果等是否符合要求。

6.直播时遵从脚本和规范

主播在直播时应该保持饱满的情绪,无论独白讲解还是与观众互动时的态度都要亲和友善,如果直播前情绪不佳应该及时调整。对重点商品的讲解清晰到位,聚焦商品和营销本身,不被公屏上的观众留言带节奏,也不被不理智留言影响情绪。严格按照脚本规定时间进行商品讲解和互动,尤其不同商品结合在一起直播时在脚本里是有节奏的。主播要遵从直播节奏,否则整体效果将会大打折扣。

7.交接工作

在不同时间点上,主播需要和中控交流有关直播间商品销售的各种即时数据信息,还要互相递送和交接商品的样品。如果单场直播需要轮换主播,即将下播的主播还需要为下一位主播做介绍和引导。

(二) 助播

1.辅助答疑

主播在直播时由于时间比较紧凑,在直播间观众的问题较多时,可能来不及回复观众的问题,那么助播就要帮助在公屏上回复这些观众关注的问题,这些问题通常涉及商品的属性和优惠的方式,比如颜色、尺码,还有商品优惠具体是什么及领取方式等。这就要求助播要掌握产品知识、明确产品卖点,才能游刃有余地为粉丝答疑,而不是现场手忙脚乱地去查找产品介绍材料。当某些问题非常重要或者问得比较频繁时,助播还需要提示主播亲自去口播回复。

2.提示库存

在直播间进行即时商品销售的同时,助播还要注意库存的商品数量和店铺优惠券数量,并在适当的时候告诉主播提醒剩余数量,也可以用画外音的方式亲自大声宣布剩余数量。

3.参与运营

很多助播作为直播的直接参与者和团队的重要成员,也需要围绕销售目标,参与公司直播部门的运营工作,比如策划脚本,定期更新直播话术,配合抖音短视频拍摄,配合团队录制剪辑等。

4.活跃气氛

负责直播间的氛围营造,活跃气氛,调动观众热情,引导观众关注直播间,提升直播在线人数,提高观众停留时长,促进下单成交。

5.参与复盘

跟进直播效果,下播后与相关人员一起总结分析直播数据,并做出改进方案。

(三)中控

1.软件准备

主要是登录后台。一是登录抖音官方的直播伴侣,用于连接设备和配置直播间。二是登录第三方直播数据平台或登录抖音官方的电商罗盘,用于盯直播间的各项直播数据,以便做出适时的调整。登录抖音电商罗盘时,需要根据直播团队的性质或所要服务对象的性质,选择抖音电商罗盘中不同用户所应登录的工作台。

当前抖音电商罗盘工作台主要支持商家、达人、品牌、机构这四类用户登录使用,见图4-1。

图4-1　抖音电商罗盘的登录页面

2.后台设置

设置直播封面,确保封面所体现的信息准确清楚。

设置直播标题,确保标题文案不含违禁词语,并选择正确的直播分类(在直播伴侣中,输入标题处在旁边有选择分类的按钮)。

将所有直播时要售卖的商品全部上架,并且确保品序正确,同时确认直播参与人员已经掌握品序。

设置视频和音频参数,重点确认画面是竖屏直播的方式,画面镜像要正确,画质清晰无色差。分辨率、视频码率等参数要根据具体使用的直播设备去设置到最佳。在变化画面比例时一定要等比例缩放,否则造成画面变形会极其难看。

设置贴片。当有多个贴片展示不同信息时,要注意按照贴片信息的重要程度去合理安排每个贴片的位置。

3.商品准备

首先,检查商品从外表来看是否具备被良好展示的状态,就是俗称是否"有好的卖相"。如果样品存在不宜展示的问题,以一些在直播间常见的销售品为例,如衣服有褶皱,皮包有污损或皮质部分没有光泽度等。

其次,检查商品讲解需要的展示道具是否准备到位,买赠等优惠组合中的其他商品是否准备齐全且具备适合展示的状态。

再次,检查商品的功能性是否正常,展示者是否掌握正确的操作流程。比如最常见的不粘锅煎蛋,已经有不止一位知名主播在展示的时候翻车,究其原因大多并不是产品质量问题,竟然是主播或副播不会正确操作。

最后,把检查通过的产品按照直播展示顺序码放到位,方便直播时向主播按序递送,然后同样按照直播展示顺序列出产品汇总表,将产品特性、展示方式、卖点说明、潜在疑问解答等重要信息列明,以便在主播过品时做好提示和应对工作。

4.人员准备

开播前确定所有直播参与人员都到位,并且已经解决好吃喝拉撒等方面的生理问题,尤其是主播在开播前要保证已经如厕。如果主播在直播期间确需去卫生间,指定好接替的主播工作的临时人员,并保证商品直播节奏的稳定。

开播前确认主播的状态,尤其检查服装、化妆是否妥当且能达到预期的画面呈现效果,主播的穿戴和配饰不能有销售品牌之外的 logo 露出。

5.直播调度

随时留意公屏,结合实时的订单数据,帮助主播把控节奏,把控直播间的整体氛围和热度,和助播一起以画外音插话以及公屏回复等方式补充主播遗漏的信息和进行与直播间观众之间的互动。

同步商品弹窗,同步贴片,同步优惠发放,同步库存,提醒商品链接的准确序号。最好可以设置重点产品的备用链接,在掉链接这种不可控因素出现的时候可以马上递补。

做好与主播的样品和数据交接。

第二节　电商直播的场景搭建

之前已经提到过如何对应不同的带货类别布置不同的直播间场景,这里着重讲述场景中的设备安排和布局,以介绍设备类型为主,具体使用设备时的方式方法和注意事项,请参考本书第九章第二节《直播间开播前的准备》中的相关内容。

一、设备

(一)高像素手机或专业设备

移动直播最大的优点是操作方便,可以随时随地直播。电商直播适合现场实践。缺点是手机直播视频清晰度相比专业相机不够好,网络不稳定,容易出现延时。但如果资金充足,还可以购买专业的直播设备,如直播一体机、摄像机、摄像头、外接声卡等。外接声卡必须与手机、电脑、平板电脑兼容。建议支持双机接入和两个人同时直播。外接声卡上的混音器可以根据需要调节音量,调节麦克风和伴奏等。

无论是手机直播还是电脑直播,主播都必须配备单独的直播屏幕(手机或直播大屏),才能方便主播及时查看直播效果和用户评论。

(二)麦克风

建议选择电容麦克风,有一定的降噪效果。麦克风包括常规话筒和领夹麦克风。如果是室内固定位置,则可以选择传统的立式或桌面麦克风。如果是室外直播尤其是野外直播,选择领夹麦克风则更为方便。

(三)手机支架

现在市场上有很多品牌和类型的手机支架,你可以根据直播环境选择不同的支架长度和机位数量。有一些手机支架可以支持多个机位,帮助直播用户同时在多个平台上进行直播。还有一些手机支架配有补光灯。

(四)补光照明

一般电商直播集中在晚上,大部分在室内直播。在晚上和室内直播,都会有光线不足的问题,而使用补光灯可以有效地解决这一问题。一般直播间会配备多个补光灯,用于给主播和产品补光。即使直播间或工作室的体量和面积都很小,那也应该至少有一个补光灯。

(五)陈列架

因为主播会对很多商品进行说明,所以为了让用户能够清楚地看到商品,同时为了便于讲解员进行说明,不少直播间会准备货架并在货架上陈列要讲解销售的商品。大型的商品货架一般放在后面,小型货架例如放化妆品的架子可以放在桌子上。陈列架既方便主播拿取和放回商品,又能营造出井然有序的专业氛围。

(六)背景布

使用与现场场景相匹配的背景布,更能增强沉浸感,更容易引导购买。但是,在选择背景布的时候要注意质量,最好不要使用劣质背景布,尤其要保证背景布不要有明显的折痕有碍观瞻。除了可见的装饰性背景布,还有用纯绿色和纯蓝色的背景布作为绿幕,以方便直播间做背景抠图变换成各种随意设计定制的图文或视频背景。

(七)小白板

为避免直播间贴片的制作过程过于烦琐而耗时耗力,可以在直播间使用小白板来呈现重要信息。小白板用途广泛,可以填写产品规格、促销信息、型号代码、订单链接等各种信息。当主播带货数量较多时,可以让小助手按照过品顺序实时地填写将要讲解的产品信息,然后把小白板放在主播旁边。这样,观众就可以在第一时间了解到所要讲解的产品信息。而有些适用于不同商品的同样信息比如物流、售后信息等,用小白板写好放到显著的位置上,主播就不必一遍又一遍地重复同样的话了。

二、直播间布局

一个视觉效果好的直播间,我们可以从装饰、构图、灯光等多个方面进行设计。

(一)直播间整体效果要求

需要注意的是,你的直播间设计尽量和产品风格相匹配,这样搭建出来的直播间场景会更和谐。

(二)直播间装饰

直播间可以有装饰,也可以没有装饰。根据直播场地的大小可以调整。如果直播间较小,摆放完产品后没有摆放装饰品的空间,可以在墙面上增加摆设或窗帘,在地面上放置小型植物装饰,以丰富直播间的氛围,确保直播间色调的统一。

(三)直播间构图

现场直播的构图是左右视觉效果的重要因素。构图不好的话,会给人一种违和感,无法在现场直播中长时间停留。构图可以从以下几个角度入手:

站位:主播在直播间的站位,不要离墙壁太近,否则容易给人造成压抑感,让人不舒服。主播和墙壁比较理想的距离是超过 1.5 米。主播占据直播画面三分之二为最佳。不管是拍全身还是拍半身,占直播间三分之二就可以了,不要占面积太大,否则也是会不太好看的。

机位:如果要展示主播的全身,摄像头的高度在主播肚脐的高度。如果要展示主播的上半身,摄像头机位在胸口的地方就可以。如果直播间需要主播经常移动位置,除了横向跟踪主播以外,还可以根据实际的直播场景实时调整摄像机位的纵向高度。

(四)直播间灯光

除了构图之外,灯光也非常重要。灯光不能太亮也不能太暗。尽量明亮但不刺眼,光线均匀,不会对眼睛造成刺激。

要注意色温,例如服装类目的直播使用色温 5500k 正白光。如果是食品直播可以用偏暖色的灯光。

尽量不要只用一个大灯,会导致光线不均匀,不美观。光线应该尽可能柔和。聚光灯不能作为主要光源,会很刺眼。如果有聚光灯,也尽量把它放在背景中,远离主播。

光线要打在主播身上,镜头要聚焦在主播身上,这样才能达到足够的清晰度,并避免产生过多的噪点。

直播间尽量不做吊顶,否则会极大影响顶部灯光的布置。当空间小的时候,可以使用吸顶灯。吸顶灯尽量选择柔光灯、条形灯、长方形灯。

尽量不要使用射灯,因为射灯光照过于集中,在单位面积内光照过亮,会导致采集的视频画面高光过曝而看不清楚。

现在流行的环形补光灯,价格相对便宜。缺点是补光范围小,伤眼睛,对戴眼镜的主播不友好。适用于食品、美妆、饰品等小物件的直播,以及近距离直播,也可以作为服装类主播的面光灯来使用。

电商直播的场景安排只是直播运营前的准备工作之一,做好一场直播,除了要搭建一个好的直播间环境,还需要掌握更全面的直播运营玩法。

第五章　电商直播的平台

导语:

电商直播的平台是实施直播活动的关键基础之一,不同的平台提供了各种工具和功能,用于支持直播的筹划、制作、推广和互动。在这个数字化时代,各种电商直播平台如雨后春笋般涌现,为商家和内容创作者提供了丰富的选择。本节将深入探讨电商直播的平台,以及如何选择合适的平台来实现商业目标。

第一节　电商直播的平台有哪些

现今电商直播平台以淘宝和抖音两家为最大,其他平台也在快速发展和跟进。不同电商平台的直播营销模式既有类似的特点,也有基于平台禀赋的差异化特点。综合各种榜单评定,我们总结出国内十大电商直播平台:淘宝直播/点淘、抖音直播、快手直播、京东直播、小红书、视频号(微信)、蘑菇街、多多直播(拼多多)、唯品会、苏宁直播。下面就排名靠前的几种主要直播平台进行概括性的介绍。

一、淘宝直播/点淘

淘宝直播有独立的 App 即"点淘",同时也把其直播服务集成到了淘宝应用程序中去。点淘以信息流的形式展示各种直播间,并且分为珠宝、穿搭、美妆护肤、美食、乐活、家居、母婴亲子、潮电数码八大直播热销品类。

2021 年淘宝直播的全年数据呈现了以下亮点:有超过 2.5 万个账号通过直播年度实现了百万级的交易额。同时,达到 1000 万以上年度成交额且增长率超过 100% 的品类达到了 334 个,这表明淘宝直播已经成为各种细分品类迅猛发展的推动力。此外,有 216 个机构或服务商的直播 GMV 突破了 1 亿元大关,这说明淘宝直播在帮助生态伙伴实现增长方面也发挥了关键作用。

此外,直播也成为品牌传播的一个关键渠道,2021 年有 1.2 亿用户加入了品牌会员而被沉淀成品牌资产。通过直播下单已经成为淘宝用户购买商品和服务的主要方式之一,每年人均购买频次超过 20 次,平均每日单用户的购买金额达到 30 元以上。

显而易见,淘宝直播的价值不仅仅体现在吸引新客户和促进转化上,更重要的是它稳定了用户的回购率并帮助用户积累品牌忠诚度,从而助力商户在淘宝平台上实现更快速而持续的增长。

二、抖音直播

抖音电商直播,是一个集短视频、直播、电商于一体的全新商业模式。抖音(海外版的名称是 TikTok)作为短视频领域的领头羊,已经拥有庞大的用户群体和活跃度,为抖音电商直播提供了坚实的基础。

在抖音电商直播中,商家可以通过直播的形式展示自己的商品,并与消费者进行实时互动。这种直播体验不仅增强了互动性,还为消费者提供了更直观、更真实的购物体验。抖音电商直播的视觉冲击力强,内容优秀,这也是抖音直播作为短视频内容起家现在发展为全域兴趣电商平台所具备的比较优势。通过直播,商家可以更好地展示自己的产品特点、使用方法、效果等,从而吸引消费者的关注,提高商品的购买率。

除了直播本身的优势外,抖音电商直播还具有很好的粉丝黏性。抖音平台的推荐算法会根据用户的兴趣和观看历史来推荐相关的直播内容,这使得用户更容易找到自己感兴趣的商品和直播间,并成为忠实的粉丝。一旦用户对某个直播间或某个商品产生了兴趣,他们就有可能成为该商家的稳定客户,从而提高商家的销售额和利润。

在抖音电商直播中,商家可以选择与抖音达人合作卖货,也可以自播销售。与抖音达人合作可以让商家利用达人的影响力和粉丝基础来扩大商品的曝光率,提高销量。而选择自播销售则需要商家具备一定的直播技能和粉丝基础,通过不断的内容输出和吸粉来提高销售额。

对于想要在抖音上进行电商直播的商家来说,首先需要开通抖音直播带货权限。这需要商家具备一定的资质和条件,如拥有合法的营业执照、商品来源渠道正规等。开通直播带货权限后,商家就可以开始在抖音上进行直播销售了。

虽然抖音电商直播具有诸多优势,但也存在一定的不利之处。其中最主要的问题是与微信生态相排斥。由于抖音和微信之间存在竞争关系,因此抖音直播间的链接无法直接在微信朋友圈共享,也无法在微信内直接查看。这对于商家来说是一个不小的限制,因为微信是国内最大的社交平台之一,拥有庞大的用户群体和社交功能。为了解决这个问题,商家可以选择在微信群内进行引流,通过在微信群内分享抖音直播间的链接或相关信息来吸引微信用户的关注,并将其引导至抖音直播间进行购买。

星图数据《2023电商发展报告》显示,在2002年抖音成功夺取了更多的市场份额,几乎超越了快手和点淘的总和,持续扩大了其竞争优势。截至2022年,抖音平台的GMV占据了市场份额的47%,而快手和点淘分别占据了市场份额的27%和23%。

三、快手直播

由快手直播做主导的快手电商月活跃用户已经超过1亿人,复购率超过

70%,2022 年的支付 GMV 已经达到 4000 多亿元。

作为下沉市场的领先者,快手在三线以下城市尤其城乡地区的用户数量众多。在快手上做电商直播,从直播表现到产品,应该更注重"接地气"和性价比。

四、京东直播

作为中国第一个成功赴美上市的综合型电商平台,京东集团在零售和供应链的技术创新上投入巨大。它与腾讯建立战略的电子商务合作伙伴关系,也为京东提供了巨大的流量来源。京东强调对假冒产品的绝对零容忍,对自身和商铺的信誉极为重视,其旗下的京东直播也贯彻了京东的理念,将京东只卖优质正品的观念植入人心。面对当今市场中强大的电商直播竞争压力,京东直播力图在很多方面走出有差异化特色的道路,比如 2022 年"双11"期间,京东就推出了虚拟主播扶持政策,推动虚拟主播在直播电商中的发展。

五、视频号直播

视频号依托于国内用户数量最大、日活最高的 App——微信,近年来在商业化之路上迅猛发展,尤其视频号的直播功能虽然推出较晚,但是在市场发展上大有先发后至之势。视频号也在腾讯的战略规划中被看作业务增长和发展的重中之重。

微信的视频号直播所提供的带货能力,是与视频号的内容发展紧密相关的,微信视频号自诞生之日起,内容数量就一直呈指数级增长,这也带动了视频号直播借助内容优势,为视频号电商直播带来巨大流量。视频号电商直播与抖音直播、淘宝直播所区别的重要之处,就是它是以广泛的弱关系链接为基础的,购物的信任感相对来说会更强。

六、小红书直播

2022 年小红书电商直播主播数量同比增长 337%,直播场次同比增长 214%。2023 年 1—4 月与 2022 年同期相比,小红书店铺直播月开播数同比增长 290%,月直播购买用户同比增长了 220%。小红书已经整合了电商业务与直播业务,组建了全新的交易部,成为与社区部、商业部平行的一级部门,并明确了投入方向。成立 10 年的小红书已经变成一个容纳了 2.6 亿多月活用户的大型线上社区。与此同时,另一个值得关注的数据是,截至 2022 年年底,小红书平台上注册的商业和品牌账户已经超过 17.3 万。

小红书的电商直播也在多个品类中取得了显著的成果。例如,在美妆、时尚、家居等品类中,小红书的直播业务表现出色。这些品类中的知名品牌和商家通过与小红书合作,成功吸引了大量消费者的关注和购买。

第二节　电商直播平台分析

在大型综合性商业体的黄金位置开店是为了获取流量,在淘宝上花钱做直通车也是为了获取流量,在百度上竞价排名还是为了获取流量。在互联网时代,平台之间竞争激烈,因此,流量争夺成了各大公司都关注和重视的焦点。在此背景下,很多企业纷纷进入市场并获得大量流量支持,但随着市场竞争加剧,流量被越来越多的竞争对手掌握,企业需要更高的效率来获取新资源或提高市场份额,从而减少成本支出。可以说,获得流量是互联网商业最重要的基础之一,见图 5-1。近些年来,私域流量突然火爆的原因也是私域流量更便宜,重复获利能力更强。

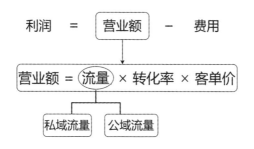

图 5-1　企业获取流量与企业营业额的关系

一、公域流量

公域流量,也称为平台流量,是指在特定平台上由众多商家共同分享的流量。在电商直播领域,公域流量指的是在一个直播平台上,由各个商家所集体分享的流量。这种流量来源广泛,可以通过多种渠道获取,如平台推荐、搜索、广告投放等。

传统的货架式电商平台,如淘宝、京东等,是典型的公域流量平台。在这些平台上,商家可以通过平台提供的搜索、推荐等功能来获取流量,进而促进商品的销售。此外,商家还可以通过投放广告来获取更多的曝光和流量。

现在的兴趣电商平台,如抖音、快手等,也是公域流量平台。这些平台通过推荐算法根据用户的兴趣和行为来推荐相关的内容和产品。商家可以通过在这些平台上发布优质的内容来吸引用户的关注,进而获取更多的流量和销售机会。

公域流量可以分为免费流量和付费流量两种类型。就电商直播来讲,免费流量指的是平台商家通过平台推荐、搜索等获取的进入直播间的观众群。这些观众是平台根据商家的内容质量和用户行为等因素推荐而来的,商家无须支付任何费用即可获得。

付费流量则是指由商家向平台方支付广告费用获得的直播间曝光量而

收获的观众群。商家可以通过投放广告来吸引更多的用户进入直播间,从而提高商品的曝光率和销售量。这种付费流量的获取方式需要商家具备一定的广告投放经验和预算管理能力。

二、私域流量

私域流量是企业或个人自主拥有、免费、自由控制和多次使用的流量,具有低成本、高黏性、可复用等优点。私域流量的获取不需要支付费用,企业或个人可以通过自己的渠道和平台,如微信好友、微信群成员、QQ 群成员、公众号粉丝、企业微信外部联系人、小程序、社区、品牌会员、微博粉丝、抖音粉丝、快手粉丝等,建立自己的私域流量池,不但能随时直接实现用户触达,而且可以通过用户分层做精细化运营和维护。

私域流量的用户黏性更高,因为用户是基于对企业或个人的信任和兴趣而关注或购买的。私域流量的运营需要企业或个人具备一定的内容创作和营销能力,通过优质的内容和服务来吸引和留住用户。一旦建立了稳定的私域流量池,企业或个人就可以通过不断的运营和维护,提高用户的忠诚度和复购率,从而实现长期稳定的收益。

像以前饱受争议的微商,就是靠不断扩展私域流量而使一些从业者赚得盆满钵满。微商通过在社交媒体上建立个人品牌,吸引用户的关注和信任,然后通过朋友圈等渠道推销商品。由于私域流量的用户黏性较高,微商可以通过精细化的运营和维护,建立稳定的客户群体,从而实现长期稳定的收益。

总的来说,私域流量是企业或个人实现数字化转型和营销创新的重要手段之一。随着社交媒体的普及和用户需求的不断升级,私域流量的价值也将越来越高。

三、从公域到私域

公域流量虽然给平台的入驻者带来好处,但获取平台的公域流量并不容易。曝光需要支付费用。例如,传统电商中的购买广告位置、关键词拍卖等,而在抖音电商直播中则是花钱投 DOU+和巨量千川。随着电商平台的"垄断式"集中流量和商家竞争极其白热化,不花钱获得曝光是比较困难的,而且还要遵守各种限制的规定。犹如高考,大有千军万马过独木桥之势,难度其实不算低。而在公域流量竞争日益激烈、成本不断提高之时。一旦把用户从公域流量池导入到了自己的私域流量,那就是"我的地盘我做主"了。就是前文说到的可以不用花钱直接给用户展示你想要推送的内容,并且在时间和频次上都没有太多限制。在私域里,所有的流量和交易都完全靠自己创造,以自身的需求为中心,同时也能够更好地为用户提供服务,让用户产生依赖感和信任感,有利于长久有效地维持客户关系。因此,在公域流量竞争的商家,尽快补充私域流量的短板,构建自己的私域流量,就意味着可以逐渐摆脱对高投入获取公域流量的依赖。从这个意义上说,在电商直播领域将公域流量转化为私域流量,对商家来说是极其重要的。"布局私域就是将与用户的互动及用户所有权重新交回品牌手中。"腾讯高级副总裁,腾讯广告、腾讯智慧零售负责人林璟骅这样认为。与此同时,布局私域也是抵抗危机风险的一种有效方式。特别是在 2020 年年初新冠疫情暴发期间,在线下流量几乎为零的情况下,一些企业通过私域流量实现了自救。

电商直播尤其是兴趣电商直播,正是把公域流量和私域流量紧密联系并且有效转化的工具。举例来说,观众在淘宝上看到某品牌直播间,进入后被品牌直播间的产品所吸引,就会关注品牌直播间,然后进一步会加入品牌的粉丝群,在粉丝群里品牌方就可以预告直播时间,以及不定期地发放一些粉丝福利。而在抖音平台,观众甚至一开始就是被抖音账号所发布的视频内容和直播内容所吸引,这些内容正是观众的兴趣所在,比如体育、游戏等,而在观看内容直播的同时,有极大的可能性被安利购买相关用品和周边。

第六章　主播实操

导语：

电商直播的核心要素是"人、货、场"。由于电商直播的兴起时间较短而发展迅速,对于"人、货、场"的理解和定义,在业内和学术界并没有达成完全的一致。尽管如此,其中"人"的要素还是比较好理解的。电商直播中涉及"人"的概念,从本质上来说就主要是买家和卖家。所以,有些专家把这二者合称为"人、货、场"中"人"的要素,但更多的人倾向于把卖家方面与消费者直接沟通的角色,即电商直播的主播,定义为"人、货、场"中"人"的要素。

主播的重要性有多高,毋庸多言。根据互联网上的资料,主要在淘宝平台直播的某头部主播在 2023 年"618 购物节"期间共开播 23 场,总销售额超过 100 亿元。其中,最高单场销售额达到 28.58 亿元,最高场观人数超过 1.13 亿,同时最高在线人数超过 130 万。在"618 购物节"收官夜的直播中,该主播共带货 72 款商品,售出 83.9 万件商品,销售额约为 2.17 亿元。此外,其直播间在今年"618 购物节"期间为国货品牌带货超过 70 个,涵盖零食酒水、生活时尚、美妆护肤、潮流鞋服等品类。在非遗国潮专场直播中,观看人次超过 1300 万,带货总值突破 5000 万元。

与这样的淘宝电商主播类似,抖音电商主播也通过自身魅力不断吸粉,进而大幅提高商品销售量。其中,比较有代表性的就是某教育行业转型带货所成长起来的直播团队主播。该直播间主播们,是有很强学历背景的一批主播,他们摒弃了简单且生硬的"硬塞式"带货方式,不靠剧本,不靠吆喝,不靠密集的语速,靠的是自己强大的人文底蕴和知识储备。他们这类主播卖货时甚至不对货品进行"密集恐怖症"式的各个角度的鼓吹,而是谈天文地理、文史哲,谈王阳明、叔本华、弗洛伊德。随着这种知识型主播在电商直播行业中逐渐吃香,主播的多元化趋势也快速兴起。

诚然,"人、货、场"中"货"和"场"两大要素的重要性也是不可忽视的,但"人"越来越占据更为主动和重要的地位。因为"人"是三者当中唯一可以树立IP的部分。主播的风格类型多种多样,比较主流的类型化主播有娱乐型主播、专业型主播、时尚型主播等。当然,电商主播风格类型并不是完全相互独立的,主播通常会结合多种风格特点以适应不同的产品和观众需求。然而不论主播是何种类型,在当今的电商直播实务中,主播被要求必须具备更加鲜明的个人特点,以及经得起推敲和考验的人设。成功的电商主播通常能够找到与自己个性和目标受众相匹配的风格,并建立忠实的观众群体。本章中的内容,是以电商直播的主播为中心,从主播的素质、实操和话术三个方面说明主播在电商直播中如何实际工作。

第一节　主播应具备的基本素质

电商直播的主播是一个需要具备各方面综合素质的人群。主播在这些综合素质的表现上可能各有所长,也可能普遍都很高。虽然随着主播多元化趋势的发展,主播需具备的某项或某几项素质因为场景和商品的差异化而不要求全部达标,但是这些综合素质中,本节所谈到的基本素质是不能有过于短板的。举例来说,由于国家政策的倾斜和电商直播平台流量的扶持,现在"三农"直播非常火热,在特色化的田间地头,对主播的普通话要求就不需要过于严苛,甚至有的时候主播有点地方口音,还可以拉近观众的距离,有种身历其境的良好体验感。但是,主播的普通话不能太差。主播可以带口音,可是完全难以听懂和理解的方言,会使得观众不知所云,当然观众就会不再停留观看,甚至直接顺手划过。

以下,我们就将从人设表现、语言水平、心理素质三大方面,介绍主播应具备的基本素质。

一、人设表现

人设是主播 IP 的核心,因此主播的人设表现在根本上就是主播的 IP 展现,或者更明确地说是主播的 IP 定位。在商业理论里,有一个很重要的理论就是美国著名营销大师艾·里斯及杰克·特劳特所提出的"定位"理论。"定位"理论被美国营销协会评为"有史以来对美国营销影响最大的观念",它主要是指让品牌据其特点或特性在客户的头脑或心智中树立明确的位置,从而创造品牌的核心价值,并以此为基础与客户建立长期稳定的关系。主播 IP 本身就是以人为核心的品牌,主播的人设表现也就是在观众心中打造主播的 IP 定位。那么,主播的人设表现究竟该如何定位呢?我们认为,主播的人设表现是根据以产品特点和受众群体为核心的主要营销属性来进行定位的。人设表现可以是浑然天成的主播本来的面貌和性格,也可以是经过设计而制定的人设,主播在一定程度上是在"演"制定的人设。我们一般建议,在主播原有显著特点的基础上结合营销设计去打造人设,而不是构建一个和主播自身完全格格不入的人设。

因为 IP 结构非常之复杂,所以主播的人设表现也是一个多角度全方位打造出的综合体。下面,本书将从几个不同角度来解构人设表现。从基本结构上来划分,可以将人设表现划分为形象、身份、标签三大部分。

(一)形象

形象是指主播的外表,它是主播给人最原初的第一印象。当观众第一次刷到一个主播的直播间的时候,他们第一眼先看到的正是这个主播的形象。如果主播的形象存在问题,观众可能马上就会划走。虽然有的观众是为了品牌直播间而去,但是主播的形象不好,也会让品牌在观众心目中的形象大打折扣,从而影响观众的停留和最终的成交。所以,主播的形象是能否留住观众的第一道抓手。正如图 6-1 所示,美妆主播在直播时的形象需要能够展示漂亮的妆容效果。

图 6-1　美妆主播在直播展示漂亮的妆容

　　主播的形象分为先天基础和后天修饰两部分。这很好理解,先天基础是主播原来长什么样子,后天修饰是主播的妆容、服装、配饰等服化道相关的装饰。作为电商主播,主播的颜值并不是绝对重要的。除了服装、化妆品等少数垂类的直播间,电商直播对主播的颜值并没有太高的要求,甚至有些直播类型还得要求主播的形象接地气,若主播捯饬得太花里胡哨、妆容过于精致,反而不符合这些直播类型的要求。

　　简而言之,主播的形象最重要的是并不是好看,而是有特点。这个特点是为了凸显主播人设所展现的特点,可能也是后面所提到的人设表现中标签部分的一种具体表现与记忆点。比如曾在某咖啡直播间走红的主播,她的"大嘴"形象就是其特点,而且她更是用艳丽的口红描嘴唇以突出嘴大。被粉丝们称为大嘴青蛙之后,她甚至还直接戴着大嘴青蛙形象的同款发箍在直播间热闹一番。她接地气的个性搭配一个非常突出的大大的嘴巴,引来大批拥趸。她的爆红还直接带火了抖音全平台"咖啡你冲不冲合拍"活动——众多明星、网红乃至普通人都竞相拍摄同款模仿视频,做成与这位主播的视频合拍。这个合拍主题成了现象级的病毒视频,不但给合拍的人带来了可观的流量,也让这位主播的知名度进一步大幅提升。这位主播靠可爱独特的大嘴形象不但带火了她在直播间做营销的咖啡,更是引来众多大牌找她合作,依靠她的流量在这些大牌的品牌直播间里直播带货,造成直播间产品的热销。

(二)身份

身份是指主播的身份设定。这些身份设定分为客观身份和主观身份两部分。客观身份是真实存在的主播所拥有的身份,比如性别、年龄、背景、专业等,主观身份则是观众通过对主播表现的认知,由观众所认同的身份,比如某淘宝头部主播是美妆达人,某顶流教育品牌直播间的主播是博闻强识的知识型达人,某主打交朋友为口号的直播间的好物推荐官是有信托责任的理想主义者。这里的身份认知,很多也是后面紧接着要讲的主播的标签之一。主观身份可以是提前定义的,并随着主播的表现凸显了这种定义身份而被观众所认同,也可以是直接由观众所定义的。在被观众所定义的身份中,如果是正面的主播可以接受并强化,如果是负面的应该尽量想办法去弱化。

身份的设定可以做提前设计,基本可以划分为适配型与反差型两种。如果一个人直播的表现与自己本身身份或者预设身份相符,就是适配型身份设定;反之,不相符的就是反差型身份设定。因为大多电商主播并没有某些娱乐主播那么哗众取宠、博眼球,所以他们更多是适配性的身份设定,在直播中展现自己个性中的阳光、活泼、积极、专业、通情达理等身份特质。我们也提倡电商主播在直播中真实地展现自己。在这方面,比较正面的例子就是以"背景假吗"为梗而红遍全网的95后电商主播。他通过展示大美新疆的真实风景,用朴素和真实打动网友,带货了新疆的蜂蜜、黑枸杞等优秀农产品。反差型身份设定可以是表现出与自己身份不符的语言、行为、性格等特征,比如醉心国学的流浪汉、大谈价值投资的保安、有强烈社恐心理的推销员等。反差型身份设定也可以是直接构建一个与自己关系不大的角色,这些构建的角色多数是需要"演"出来的,比如有主播模仿著名的三国人物诸葛亮并搭建相应古色古香的场景,在直播时以评点三国人物并扩展介绍和解读中国传统文化为主,然后做图书带货,主要销售一些中国历史文学典籍和传统文化读物。

另外需要说明的是,主播的身份设定有些很强,有些很弱。在某些情况下,不必过于突出和强调身份认知。比如,在一些品牌直播间里,更多的是宣传品牌和产品,主播的身份只是简单的卖货者,弱化了主播自身的特点。这类主播一般只要形象不错、穿着得体、情绪饱满,在直播间全程除了卖货,还通过对产品和品牌的介绍,不断强化观众对品牌的认同。这种直播间是以品牌宣传为主,主播自身的身份特点相对淡化。

(三)标签

标签是定位主播的关键点,是一个主播被受众记住的核心要素。一个主播身上的标签可能会有很多,此处所说的标签是对主播核心特点的提炼,是一种超级符号。与人设表现中的身份相同,一个主播的标签可能是设计出来的,也可能是观众给你创造并流行起来的。对于观众创造并流行起来的标签,我们注意甄别即可,这里只谈设计主播的标签。

标签需要设计,还需要具象化,具象化的具体方法就是要运用好视觉锤与文字钉。视觉锤是将对主播的视觉感受锐化,凸显主播的特征。这些凸显主播特征的视觉要素可以是主播的形象、服装、配饰,也可以是主播的用品、道具,还可以是主播的惯用场景等。比如上面提到的某直播间主播的大嘴和大嘴青蛙发卡,就是她的"视觉锤"。可以看作视觉锤的明显例证,还有弘扬传统文化的主播穿着的传统服装、乡村博主的乡村场景等。文字钉是对主播最显著特点的文字概括,可以是主播的外号、主播的 title、主播的口头禅等。比如一提到"时间的朋友"就想到脱口秀主讲人,一提到"真还传"就链接到某好物推荐官,一提到"Oh My God"就知道是某头部带货主播的口头禅。

视觉锤与文字钉紧密配合,将具象的视觉和抽象的文字结合起来,像锤子敲钉子一样,一下子把标签钉到观众的脑中里,占据他们的心智。

二、语言水平

从某种意义上讲,语言水平是主播真正的核心竞争力。语言是表达和沟通的主要工具,主播如果不具备合格的语言水平,那么他们就无法在直播间做到有效的沟通、带动、控场。之前提到过,大多数情况下我们要求主播需要具备最基本的普通话水平。如果特殊场景(如"三农"场景)下的身份设计需要主播的语言带些乡土气息,方言腔调也不能太重,必须让观众能够听懂理解。这种要求是与短视频完全不一样的,在抖音、快手等自媒体视频直播平台上,很多方言短视频非常受欢迎,但是短视频是可以配字幕的,这样即使对方言理解有难度的观众也可以通过字幕理解视频中的语言内容。而在现阶段,直播场景里主播的语言是无法搭配即时字幕的,因此主播的普通话能力需要达标。

当然,会讲普通话和讲好普通话只是对主播语言水平的基本要求。主播需具备的语言水平也是一个综合体,它包括语音、语速、语调、音高、表情、肢体等基本语言表现要素,还包括表达、沟通、应对等高阶语言能力。本书无意去做一本语言教科书,下面会从主播在直播时需要重点关注的语言环节去做一些实践性讲解。

首先是音高的问题。我们在正常讲话和交谈中,声音都会有高有低,只是日常的时候我们的音高是在不自觉地转变,比如表示惊讶或者情绪激动的时候,会不由自主地提高音量。但是,电商主播应该在整个直播过程中有意识地去控制音高。因为电商直播的直播过程通常非常长,几个小时下来实际上是非常疲惫的,从精力到耐力,主播无法保持每一秒都激情四射地大声讲话。因此,主播要合理地分配体力和控制语言音量的收放。主播在产品介绍的时候不需要太高的音量,只要是认真讲解,给人专业和自信的感觉就够了,按照正常的表达方式把产品的优势、卖点讲清楚就可以。但是,在介绍完产品后,会有谈到价格福利的时候,就进入了促单的环节,主播的状态就应该提上去了,用高亢的声音去感染直播间的观众,让观众感受到主播的热情,说服潜在的消费者珍惜福利价格尽早下单。除了音高以外,语速和停顿等都要根据直播的需要做相应的处理,可以参考前面音高的处理,做到轻重缓急区分清晰,节奏快慢张弛有度。

其次是肢体表达的问题。肢体表达也是语言表达的重要组成部分,它要配合声音的传递去感染观众。主播的整体躯体应该自然挺直,不要含胸驼背,在需要和观众沟通的时候,身体可以适当前倾去看直播屏幕,表示对与观众沟通的重视。关于整体姿态,特别忌讳的是主播长期后仰坐着或站立,显得一副做大爷的样子,会完全疏离观众,甚至引起观众的反感。除整体姿态外,最重要的就是主播的手势。正常情况下,主播在坐着直播时应该把手放在肚子的前方,自然搭在桌子上,尽量不要长时间抬到胸口,而在站着直播时,当需要把手往胸口上抬,要注意夹紧手臂,就是让手臂尽量贴合到胳肢窝的地方,不要让手臂形成一个“飞扬”的状态。在介绍产品时,主播需要用手来指向产品,这时候把手掌自然摊开,伸臂向产品方向指示即可。有的时候,当发放福利需要情绪激昂引导观众时,可以将手握拳,单指指向产品或福利价格,给人有力度的感觉。主播的手势不要长时间握拳或者伸直手掌乱比画呈切菜状。

最后是五官表情的问题。在直播期间,主播整体表情应尽量保持轻松,多微笑,让观众感觉到主播的亲切感。五官表情中最重要的就是眼睛。主播应该保持目光的相对稳定,不要乱眨眼睛,也不要到处乱看。眼睛应该自然地看着摄像头的位置(注意是摄像头的位置,不一定是手机屏幕或者直播大屏),如果摄像头位置与直播屏幕不在一个位置,也要适当地去观察屏幕,了解公屏上的各种信息并及时与观众互动。

三、心理素质

如果说人设表现和语言水平是一个电商主播的硬实力,那么心理素质堪称电商直播的软实力。我们在这里把电商主播的心理素质归结为三个"心":平常心、耐心、信心。

(一)平常心

人们常说做任何事情都要有一颗平常心,做电商直播的主播更是如此。主播的平常心主要是针对流量和业绩,主播不应该因为流量和业绩的多寡、起伏等客观情况而影响自己的主观心态。

主播的平常心首先在于能够正确地看待直播间的人流量,应该把握这样一个原则:"人少不怠,人多不慌"。人少时以观众为主,尽量与观众做好互动,并通过互动把直播平台对直播间的考核数据做上去。人多时以产品为主,因为人多时公屏互动会非常多,主播已经无暇与所有公屏上的观众互动,也许只能偶尔挑重点问题进行解答说明,所以在人多时主播的主要任务是把产品介绍清楚,联系好使用场景,让直播间所有人都了解产品卖点,进而通过话术提高促单效率。

直播间有多少人在线观看直播,是主播开播伊始最早也是最直观能接触到的。主播开播伊始可能是一个新直播间也可能是接替别的主播继续播一个老直播间。在一个全新的直播间里,根据投流和不投流的区别,直播分为冷启动和热启动两种。如果不花钱做流量投放,就是冷启动方式。冷启动完全依靠直播间自然流量的推送来做数据,当直播间的内容非常优秀,同时也使得直播间的数据更加精准和优秀,就会符合并进一步触发了直播平台的算法推荐规则,才能让直播间的流量不断攀升。热启动方式是付费做相关的直播流量投放,直白地说就是用付费买流量的方式来提高直播间的展现。用冷启动方式启动的直播间,前期大多流量不是很好,因为直播平台需要一个认知你直播性质和感兴趣观众的过程,还需要通过各种数据维度去考察你的直播质量。所以,主播在对待冷启动前期直播人数较少甚至极少的时候(可能直播间只有两三个人、三四个人,而且还大多都是平台方给的伴播机器人,就是俗称的"大头娃娃"),要不急不躁,因此说有一颗平常心就显得尤为重要。在人少甚至没有人的这段时间里,其实是珍贵的主播练习时间,这个时间段一定不要浪费,要有效利用起来。这里提几点实操性的建议:一是在这个时间段把直播间显示人数的那个位置盖住或者贴上,不去看人数有多少,以免影响主播的积极性;二是在直播的过程中尽量多穿插去做"公屏互动、点赞、加粉丝团、亮灯牌"等有效拉升直播平台考察数据的动作;三是对直播录屏并在直播结束后紧接着做表现复盘,由于人流量少可能没有有效的留人数据和成交数据,那么复盘的重点就放在对主播的精神面貌、言谈举止的细节上,以及对产品的讲解、直播流程安排和各方面的配合上。热启动虽然是付费购买了流量,但是如果"人、货、场"三者配合不好,或者存在任何准备不足和应对不足,都会造成直播间的人流量停留差,从而造成直播观看数据不理想。在这种情况下,除了可以借鉴前面三点的实操性建议外,应着重在复盘阶段对照整个直播过程中各时间点上的数据表现进行反思,从而指导直播的改进。具体操作请参阅本书第十章《直播复盘》的内容。

前面讲到的是直播流量不理想的情况下,主播如何保持平常心,那么当流量增加、急速增加和达到比较高位的情况,主播就更应该保持平常心,迎接流量增加。尤其是"急速流"(亦有写作"极速流")来的时候,主播不要慌张,多数情况下按部就班地按照自己的播出计划继续直播,少数情况下可以根据急速流的来源去临时调整内容和产品,以承接住大的流量并提高转化效率。举一个例子,被称为"留学教父"的某国内顶级教育品牌创始人曾经在自己抖音账号的直播间和某著名经济学家一起做了一场直播,直播完毕后他们一起动身去了该顶流教育品牌的抖音带货直播间和主播继续直播。两人在"留学教父"个人直播间直播时的同时在线人数超过了十万,当该直播间结束直播后,抖音平台随机地跳到了一个讲股权结构的通过卖股权课程变现的直播间。该直播间本来没有什么流量,同时在线也就几人到十几人,但是这波急速流给它的同时在线暴增到了七八千人的规模。该直播间开播时间不久,主播及助播明显对这波急速流准备不足。主播显得比较慌张,当从公屏上了解到急速流是从俞敏洪的直播间过来的时候,他有些语无伦次,只是不停地说我这个直播间是讲股权结构的。他既没有有效继续自己的直播讲解,又没有根据流量来源对接到自己的直播内容上去,从而承接住这波流量。由于没有很好应对,这波急速流最终没有被主播承接住,非常可惜。其实在当时的情况下,主播完全可以从当年沸沸扬扬的新东方内部股权纷争和创始人的处理应对方式等方面入手,结合其股权专业知识来聊新东方内部的股权分配、改革及上市等话题。如果对该著名经济学家也有一定了解的话,可以结合其著作或知识付费课程里提到过的"人的理性和自私""固定收入和剩余索取"等经济学知识,来讲股权结构的设计。作为一名研究股权结构的专业讲师,相信对有代表性的新东方案例和经济学常识应该都会有一定了解,但是当时主播没有保持好平常心,过于慌张导致了大好机会的错失。

综上所述,不论是冷启动还是热启动,也不论是全新账号的开播还是老账号的续播,只要主播用平常心对待直播,扎实地准备好产品知识、过品流程和团队配合,然后做好复盘和改进,一切的成功就会水到渠成。归根结底地说,平常心是对电商直播客观规律的尊重。

(二) 耐心

一个合格的主播应该具有良好的耐心。广义上的耐心包括了上述对直播规律的平常心对待,狭义上的耐心则是指对各个具体环节的耐心。这里重点讲几个主要的耐心问题:

1.在直播过程中要对观众有耐心。对于观众提出的与产品相关的问题,要耐心解答。因为直播是一个较长的过程,观众们不一定都是长时间"蹲"

直播间的,有的可能是即看即走,或者是即买即走。所以在做单品讲解和售卖期间,可能刚进入的观众没有听到你之前对产品某个问题的回答而又问了相同问题,当问题比较重要的时候,主播应该在时间允许的情况下作重复解答。另外,在兴趣电商的直播间,很多观众是通过平台上创作者所展示的内容方面的兴趣而进入平台,并被进一步引导购物的,这在实践中会出现有些观众可能在被引导进电商直播间后,不是直接冲着购物去的,可能会在直播间里找乐子。有些人会调侃产品甚至主播,这个时候主播应该甄别互动的性质和潜质,并迅速做出有效且正确的应对。在不耽误介绍产品这条主线的时候,可以对这种调侃式的话语进行适当沟通,沟通得当还会增加直播间的轻松感和趣味性,例如著名搞笑博主在前期经常做的"反向带货",其实很多就是通过这种调侃式互动来吸引更多流量的。

2.要对自己的直播内容有耐心。很多品牌方的直播间,可能产品 SKU 有限,主播需要对某几种产品甚至是单品做重复循环的讲解。当产品品类比较少时,就要求主播一定不要因为品少而觉得不停做多次讲解很枯燥、很乏味,不再投入激情甚至带着情绪,不愿意去很好地去解说表现,或者不愿意积极与观众互动交流和答疑解惑。针对这种情况,本书也提到一点解决方案:就是主播在单品轮播的时候要去找一下节奏,这个节奏有设计的部分,比如每一次产品搭配的场景不同、每一次产品讲解的重点不同,每一次产品对观众情绪感染的落脚点不同等。举例来说,面对早上的观众,我们可能更多是从唤醒过渡的角度来讲,搭配一个洒满晨曦的海滩场景(不方便用实景的可以做绿幕背景替换),唤醒人们晨起后的希望和活力,从而对你的产品也抱有希望和购买动力。而到了中午以后,观众多是在半天的工作结束后就餐时刷直播,想放松自己,那可以和午餐结合做互动,或者谈一些轻松的话题,更能让人在舒适的状态下产生购买。当然,这些直播方案的制定很多是从主观出发的,所以可以做对比度较高的 AB Test,然后做好数据监控和数据评估。除了设计的节奏,在和用户互动之中也可以找节奏。每一次讲解针对的用户不尽相同,那么互动也就不同,不同的互动会激发不同的灵感或者交流内容,那么有了这个节奏以后,主播对于循环往复的单品讲解就不会感到过于单调乏味。

(三)信心

信心是一种坚定不移相信自我的心态,主播只有具备了这种良好的心态,才能应对各种直播问题并且坚持长期不懈且热情饱满地投入到直播工作中去。当主播有自信的时候,会形成一种无形的气场,主播在这种强大气场加持下会更加游刃有余,也会更容易把控住观众。前面所提到的平常心和耐心,都是信心的基础。主播的信心不是盲目的自信,是建立在对产品、场景、团队合作等充分准备的基础上。因此,主播的信心,是对售卖产品的了解和相信,是对电商直播整套流程和细节的充分把控。主播只有对自己有信心了,才能让作为潜在消费者的观众对你有信心。对于一个主播来讲,最可怕的不是卖不出去东西,而是对自己没有正确的认知,没有自信。特别对于刚开始走上主播岗位的新主播,信心就是要把任何个位数的直播间都当作万人直播间来对待。客观来讲,个位数直播间和万人直播间最主要的区别无非是人数上的不同,在个位数直播间可能没人跟你互动,在万人直播间急速刷屏其实你也做不到互动。

这里还是要给出几个提升主播信心的方法。

1.如上所述,对产品做好充分的了解,不但对要售卖的本方产品做全方位的了解,而且要了解竞品的情况,找到与竞品对比的优劣之处,在直播的时候强调本方产品的优势。举例来说,服装行业里常见的面料聚酯纤维被很多人认为是比较差的服装原料,有观众可能在直播间直接就会质问主播:"你这衣服是百分百聚酯纤维的,为什么卖那么贵?"这时候,就要求主播提前做好服装面料方面的功课。诚然,聚酯纤维在之前被俗称为"涤纶",在我国早期化工不发达的时候,作为聚酯纤维代表的的确良衬衫非常有名,但随着生活水平的提高,棉纺织品被大量使用,聚酯纤维的一些代表材料,如涤纶、腈纶等被认为是低端产品的用料,类似的的确良衬衫等一众化纤服装也被摒弃和淘汰。但是被淘汰的只是某些低端聚酯纤维产品,随着化工产业的不断发展,聚酯纤维也随着不断发展,尤其一些改性聚酯纤维的应用,已经占据了高端材料的市场。像阿迪达斯、耐克等运动服装,都使用高级的聚酯纤维材料,用于迅速吸汗和排汗,有着神奇的速干作用。如果主播对聚酯纤维的历史和种类等提前做好了功课,就会从容应对类似问题,说明人们对聚酯纤维的偏见,以及高档聚酯纤维已经比棉麻材料贵出了几个层级。

2.做好直播彩排。直播彩排的目的是让主播和团队成员熟悉直播流程和各个环节的节奏,以便在实际直播中更加流畅地进行。通过直播彩排,主播可以找准自己的直播节奏和风格,熟悉产品介绍和推销的技巧,以及掌握与观众互动的方式。同时,团队成员也可以更好地配合主播,确保直播的顺利进行。在直播彩排过程中,主播和团队成员需要理顺直播中的各个细节和配合,包括镜头切换、音效调整、互动环节等。这有助于避免在实际直播中出现意外情况,提高直播的专业性和可信度。直播彩排还可以帮助主播和团队成员提早发现问题,如技术故障、配合失误等,并及时做出解决预案。这样可以避免在正式直播中出现这些问题,影响直播效果。对直播流程准备得越充分,主播的心理状态就会越稳定,对自己的直播变现肯定也就更有信心。因为主播知道自己在做什么,知道如何应对各种情况,所以会更加自信和从容。这种自信和从容也会传递给观众,让他们更加信任主播和推荐的产品。

3.通过一系列心理明示和暗示的方法,可以帮助提高主播的信心,从而提升其表现力和吸引力。以下是一些有效的方法和技巧——

(1)口号和自我激励

在直播前,制定一些个人口号或座右铭,强调自信、积极和目标达成。可以用这些口号来给自己打气,增强自信心。

(2)激励性环境

在工作环境中张贴一些鼓舞人心、提升信心的大字报、名言或海报。这些视觉元素可以不断提醒主播坚定信心,鼓励积极的思维。

（3）回顾成功经验

定期回顾过去的工作经验，特别是那些积极的流量增长和销售增长。使用已经取得的成绩和结果来提升自信，并将其作为未来成功的动力。

（4）直播心理准备

在直播前进行心理准备，将焦点放在任务的完成上，而不是担心失败。使用冥想、深呼吸或其他放松技巧，帮助平复紧张情绪。

（5）积极的自我对话

时刻保持积极的自我对话，避免自我批评或负面的内心声音。鼓励自己，提醒自己过去的成功经验和潜力。

（6）目标设定

设定具体、可测量的目标，为自己提供明确的方向和挑战。实现这些目标会增强主播的信心，让其感到更有成就感。

第二节　主播实操的底层逻辑

一、目的：为卖家变现

电商直播的主播，其主要任务就是电商销售，主播工作的直接目的就是为卖家变现。这个卖家可能是主播自己，可能是主播的公司企业，也可能是第三方。其中，第三方包括一切可以正规销售产品的品牌方或农产品基地等。需要注意的是，在挑选卖家及其商品时，除了传统的对企业资质和三无产品的鉴别，现在各大电商平台还普遍要求在平台上售卖的产品需要有注册商标。

既然为卖家变现是直接目的，那么主播在对自己和所在团队、公司负责的基础上，应该对卖家负责，不应大包大揽，过度夸张销售能力。现实的电商直播实践中，有大量的直播团队捏造虚假数据，吹嘘主播的影响力和能力,以至于最终产品销售未达到卖家预期,但是直播团队却赚取了大量的坑位费。

为卖家变现,就要选择适合卖家品牌和产品的直播变现方式。现在常见的直播变现方式主要有三种:

(一)直播带货

直播带货是直播变现中最为普遍的一种方式,直播带货主要有两种直播模式:一种是无差别直播,一种是专场直播。比如现在的明星主播、淘宝头部主播和抖音搞笑主播等,他们的直播间多是通过口播过品的方式做无差别直播。在无差别直播中,产品不限于特定的品类、生产地等特定类目之中。而专场直播则会就某一类产品进行直播,或者某些生产地的产品进行直播,比如某顶流教育直播在青岛、海南等地做的专场直播,都是销售山东、海南本地的各种特产。

不论哪种直播类型,直播带货在过品的流程中,当介绍到某一商品时,都会寻找合适的时机把该商品的商品链接推到直播间主屏页面和购物车顶部,方便观众购买。这种方法很像以前盛极一时的电视购物,重点在于打造商品的吸引力。直播内容与直播对象也就是所售卖的商品紧密相关,直播内容主要是商品介绍、产品使用说明、价格展示、售后服务情况等。在做商品内容的介绍时,还好结合具体的场景和环境来展现或促销,比如在图书仓库卖书、在宠物交易市场卖宠物。直播带货由主播主讲和串联,通过商品展示、商品体验或者优惠福利等内容引起直播观众的关注,刺激他们的购买欲,并使其发生相应购买的转化行为。

(二)知识讲解

知识讲解是用直播的方式来分享干货知识。通过知识讲解的方式来带货,可以说是兴趣电商平台的优势所在。兴趣电商平台上的观众,多是因为自身兴趣而观看直播,那知识讲解类的带货方式,就非常适合这些兴趣爱好者,可以说起到不知不觉就产生消费的效果。知识讲解类的直播重在内容够硬核,包括钓鱼、烹饪、游戏、健身、运动、手工制作、语言教学等。健身类知识博主在健身房直播健身过程和效果,下一步就会让直播间里的健身爱好者对他所推荐的健身用品感兴趣并购买,如图6-2所示。

图 6-2   健身博主在健身房直播

知识讲解类的直播还有一个重要的特点,就是主播的互动非常主动和频繁。这种直播变现转化,与直播带货的方式相比,可以说是一种软植入。比如在抖音上做餐饮行业的账号。他们有很多水饺连锁店,拥有不错的口碑。该账号直播频率非常高,直播内容大多都是如何制作各种口味的水饺馅、如何包饺子等水饺制作方法的教学。在直播过程中,它一方面宣传了他们的水饺品牌,吸引了大量品牌的连锁加盟商;另一方面顺便带货,销售自有品牌的饺子料、所用的莲花味精、制作馅料时戴的 TPE 手套、包饺子的套装工具等。观众在学习饺子制作过程中,自然而然地就会把他们在教学过程中顺口推荐的周边产品下单购买了。这在烹饪教学中非常多见,烹饪类的直播内容,既可以出售烹饪的食材、调料,又可以出售各种烹饪工具甚至锅碗瓢盆等。

知识讲解类的带货变现方式,因为展现的内容是粉丝的兴趣所在,所以相对其他类型主播,知识讲解类的主播对粉丝而言有更高的信任度甚至依赖性,这种直播间也就具有比较强的粉丝黏性。

(三)才艺展示

按照以前对主播的分类传统,才艺展示型的主播都归入娱乐主播的范畴,似乎不应该像电商主播一样直播带货。但是现在随着很多新的国家政策文件约束和平台方发展调整,娱乐主播的生存空间或者营收能力被显著压缩。随着国家进一步要求对娱乐打赏做出各种限制,很多娱乐主播通过才艺展示已经不能满足盈利需求,所以又走上了带货的道路。通过才艺展示进行带货,现阶段大概有两种主要趋势和类型:第一种类型是娱乐主播把娱乐内容和带货内容分开,在以娱乐直播场次为主的前提下,增加一些带货专场。还有一些娱乐主播把单场的直播内容一分为二,根据时间顺序先娱乐再带货,在通过才艺展示一类的娱乐直播内容拉升起来流量之后,再进行专门的直播带货。第二种类型是娱乐直播在才艺展示的同时进行带货。举例来说,有位早年曾参加过选秀综艺的抖音某顶流网红女歌手,就在这两种类型上都有涉及,她会做一些直播带货的专场,也会在自己唱歌演出的专场里兼顾进行不影响演出的带货。比如她去一些景区做专场演出,就会在宣传景区的同时销售景区的门票以及其他相关的文旅产品。

事实上,无论采用哪种变现方式,都可以达到销售转化的目的,虽然有流量投放的加持,但是要做成一门长期的变现生意,都要经过一定时间的用户沉淀。如果能在这个过程中找到合适的切入点,就可以把粉丝有效变现为品牌资产,或者最起码让粉丝成为主播的有效影响受众。直接和间接的带货,也都是通过优秀的内容,让主播的粉丝们乐于来直播间观看直播。这就要求我们在直播中能够不断地挖掘话题,并将这些话题进行有效的传播,从而获得较高的关注度和转化率。

二、方法:为买家创造和实现价值

既然主播的目的是为卖家变现,那实现此目的的方法就是为买家创造和实现价值。直播行业内有一句名言:"需求决定购买,IP 决定选择。"如果买家没有需求,任主播把产品吹上天,也不会产生购买。那需求是什么? 需求就是买家因购买而得到的全价值体系。为买家创造和实现价值是主播直播工作的灵魂。从电商直播的角度看,物美价廉的商品、最大化的商品使用价值、完善的售后服务等,都是主播为买家带来的价值。

一名合格的电商主播,不是简单地用不停晃动产品和"不要 299,不要 199,只要 99"等煽动性语言去轰炸观众的视听,而是要真正去把握消费者的痛点和需求,结合场景描述引发共情。

三、手段:话术

既然电商直播中主播需要为卖家创造和实现价值,那主播的话术就应该牢牢围绕这一核心去打造。主播的话术应该紧紧围绕层层推进的四个方面去打造,这四个方面就是:产品的使用价值(为什么要用)、产品的使用场景(在什么情况下用)、用户的需求痛点(解决什么问题)、用户的利益收获(带来什么好处)。

下面举一个例子来说明如何围绕这四个方面去打造话术:比如主播在直播间卖一种主打透气功能的运动鞋,就会围绕透气功能(产品的使用价值)去展开说明,讲到可以比普通运动鞋提高×倍的脚部排汗量,有效防止脚汗大量积聚形成的臭脚。经常运动的人在足球、篮球运动(产品的使用场景)之后普遍会觉得脚热,在运动后会很快拖鞋散热,但是冬天的时候脱鞋会让脚部受凉,汗脚严重的人脱鞋会熏晕周围的人,而穿上这款运动鞋之后,脚汗得到快速排出,冬天不会觉得脚热而脱鞋,很多汗脚的人也可以在运动后毫无顾忌地脱鞋了(用户的需求痛点)。今天在直播间不但给到了全网近期最低价,而且送两双同样具有速排汗液功能的袜子,两双袜子的价格就已经要×××元了(用户的利益收获)。

电商主播的话术是主播在直播带货时的核心技能,我们将在下一节做着重阐述。

第三节 主播话术详解

根据直播的流程,话术分为开场话术、运营话术、互动话术、转化话术、促单话术、下播话术六大部分。

一、开场话术

开场话术是主播在开始一场电商直播时所使用的话术。主播开场要讲的东西主要是让观众知道本场直播主要卖哪些东西以及会享受哪些福利。主播在开场讲述直播主题的同时,要会使用开场话术增加互动率和停留率。因为互动率和停留率都是平台考察直播间质量的重要数据,关系着后面平台是否会向该直播间推送更多的自然流量。在新人的直播间,一般开场话术要尽早把引流款产品介绍给观众,并尽量做好观众互动和吸引观众停留。互动话术可以参考如下语言:

"各位直播间的家人们,今天开场先带给大家的是当今最时尚最火爆的热销产品×××,市场通价是×××元,今天我们直接从工厂源头进货,×××超低价卖给各位家人们,如果家人们觉得这个价格给力的话,请把'给力'这两个字打到公屏上。"

"好了,家人们,我们马上就要把这款低于市场价一半的产品放福利给大家了,但是我们福利款都是赔本赚吆喝,数量有限,希望我们的粉丝得到真正的实惠,请新进直播间的家人们记得左上角点个关注再加入我们的粉丝团。"

"如果您是想要这个大额福利的话,把关注点一下,把粉丝灯牌亮一下,请把'想要'两个字打到公屏上,我们工作人员立即统计,我们根据公屏上

'想要'的数量给大家发券。"

我们来逐句解析以上参考话术。第一句话里很快推出了福利型引流产品，并且用对比的方式告知了便宜多少钱卖给大家，然后请观众把"给力"两个字打到公屏，提高公屏的互动指数。第二句话里先是再一次用实际优惠比例强调了价格力度，然后暗示只有粉丝有优惠，引导观众点关注加粉丝团。点关注比例和加粉丝团的比例，也都是平台考察直播间的重要指数。此处有个需要特别注意的地方，现在兴趣电商的平台方打击利益诱导行为，主播不能直接说"加入粉丝团的有福利，没加入粉丝团的就没有福利了"，这样有可能会被平台方的后台 AI（人工智能）抓取，视为直接的利益诱导行为。第三句话再一次调动观众进行公屏互动，并且暗示只有公屏互动的观众才能计入优惠产品的购买名单里，以此刺激观众的积极互动。这里又有一个需要特别注意的地方，不能直接说"有多少'想要'给大家上多少单"这样的话，因为这也有可能会被平台方的后台 AI（人工智能）抓取，有可能会被判定为互动诱导行为。

整体来看以上互动参考话术，可以看出它主要是完成了两方面的动作：一是推荐介绍了引流款产品，二是提升平台对直播间考察数据。

下面我们再对停留话术举例参考：

"家人们注意了，现在就要开始新人第一波福利了，×××米的超低价购买我们原价×××米的×××产品，请新人们在公屏上打一个'新'字，然后在公屏上帮我点点赞，现在点赞有一万三千五，当点赞过一万五千我们就开始放福利。"

以上话术为什么要在点赞过一万五千的时候才开始放福利，就是在拉观众的停留时长，让想得到超低价格商品的观众待在你的直播间等着目标商品开卖。注意话术中还介绍了当前点赞是一万三千五，然后设置了一万五千的目标，暗示观众不用等太长时间就可以等到目标商品开卖了，让观众停留更有盼头和动力。

二、运营话术

运营话术是在直播过程中的一些相对常用的话术,有迎新、活动引导、产品介绍等。下面举几个重点的场景一一阐释。

欢迎新用户。在直播间进人的频率不是很高的时候,主播应该在有新的观众进入时采用欢迎话术。比如"欢迎×××(新进直播间观众的抖音账号名称)来到我们的直播间",如果人流量较少且时间充裕,可以紧接着在欢迎词之后加上对直播间和当前活动的简介——"我们是×××品牌直播间,现在在进行9块9福利秒杀的活动,秒杀的产品是×××"。

直播时间介绍。一般来讲,电商直播的时间段都是比较固定的。如果直播时间段是固定的话,不但要在账号封面页注明直播时间,而且主播在直播期间要不定时地宣传直播时间段和请大家常来直播间——"各位家人大家好,我们直播间每周一到周五的直播时间是×××点到×××点,周六和周日的直播时间是×××点到×××点,主播×××和您相约每一天,大家记得准时与我相遇哦","亲爱的家人们,地球不爆炸,我们不放假,宇宙不重启,我们不休息,风里雨里节日我们都在这里等着你,没有四季,只有两季,你看就是旺季,你不看就是淡季"。

产品讲解。电商直播间的主要活动就是产品介绍,主播应在做产品介绍时重点强调前面提到过的买家所关心的产品使用价值,并且描绘使用场景。比如这样的话术:"对服装颜色搭配不是很在行的小伙伴们,这一件衣服就可以闭眼入了,因为它是白搭的中性灰,而且不臃肿也不发紧,与其他任何服装都可以协调搭配","这种营养食品是纯天然采摘加工的,入口即化,不含任何防腐剂,老人、小孩、孕妇都可以吃"。

活动介绍引导。电商直播间都是有节奏安排的,不可能一味地去发放超级低价产品,因为超低价产品很多都是不赚钱或者赔钱的,推出超低价产品的主要目的是吸引流量和拉长观众的停留时间的,所以直播间的超低价产品是隔一段时间推出一次。在非超低价产品售卖时期,主播需要提示会推出超低价产品和什么时候开始上架超低价产品。同理,对于其他福利活动,主播也要在非活动时间段进行提醒。比如发放福袋、买赠活动等。

超级符号运用。当主播和直播间的 IP 属性比较显著的时候,主播需要在直播间不时地重复代表 IP 的超级符号,比如像某位女主播的说唱:"咖啡你冲不冲,福利你冲不冲……"

三、互动话术

互动话术是主播为了拉升平台方考察的直播间数据和调动直播间气氛而与观众互动所采用的话术。前面提到的点赞、公屏互动、加关注、加粉丝团等,都是需要主播通过话术互动来提升的。比如"今天 699 元的全套产品,大家觉得多少钱的福利价格合适,把你的期望价格打在公屏上,我们最终就按照公屏上出现最多的那个福利价格来卖"的话术,让观众自己定价,趣味性强且非常有参与感,当公屏上最终的低价被采用后,参与者又会有很强的成就感。在这一过程中,不知不觉地就会提升公屏互动的数据。

互动话术还有一个重要部分,就是解答问题。在直播过程中,除了对准备好的核心问题进行解答说明以外,主播或者运营人员需要留意公屏上的信息,对观众提问频率比较高的问题主播应该了解并做统一解答。需要解答的问题,主要涉及产品信息、优惠信息、活动信息、物流信息、售后信息等。最主要的问题当然是产品信息,消费者最关心的还是拿到手的产品。比如"这种食品都是采摘后紧接着就手工制作的,现做现发,顺丰包邮到家,保证各位看官老爷吃到最新鲜的食品",这句话就解决了直播间观众对于食品新鲜度和快递物流两方面的主要问题由于平台的优惠方式很多、各种优惠玩法各异,如何获取优惠也是主播需要重点解答的问题,特别是怎么领优惠券、怎么用优惠券,主播应该在介绍产品后及时做清晰的说明。

用互动话术调动气氛也是尤为重要的。"刚才是不是有很多宝宝没抢到啊,没抢到的宝宝在公屏上打'没抢到',我们看没抢到的人多不多,多的话我们马上补单,我们'接着奏乐接着舞',好不好?"通过这次话术,就可以把有些没抢到福利产品的失望观众的情绪重新调动起来,并且再一次调动互动,提升直播间的公屏互动数据。

四、转化话术

成熟的主播都善于利用话术进行成交转化,转化话术一般是在产品基本介绍之后进一步建立观众对产品、价格、售后等方面的信心所采用的进阶话术。转化话术可以从以下几个方面来设计和使用。

产品背书。电商主播要让观众相信你卖的产品,离不开产品背书。产品背书主要是主播自己的 IP 背书结合产品的品牌背书。

先来讲主播 IP 背书,本章在前面已经谈到过主播 IP 的重要性。比如观众去买一件产品,为什么喜欢到某好物推荐官的交个朋友直播间去买,而不去别的直播间买? 因为交个朋友直播间的背书是主播自己。曾经有一个供货商给交个朋友直播间供应了假的羊毛产品,他得知情况后马上公开道歉并详细说明了被贸易商用假文件欺骗的所有情况,第一时间先对消费者进行三倍赔付,然后报案和起诉假羊毛产品的供货商,把两家涉案公司的负责人都给"送进去"了。这就是一个背书,消费者就相信他以后卖的东西绝对不会是假的,即使偶尔有假货出现,消费者不但有保障,而且还能"趁机赚钱"(多倍赔付)。与某好物推荐官的 IP 背书形成鲜明对比的是,某快手大 V 的直播间卖假货事件。该快手大主播在带货某假营养品事件后,第一时间并不是认错赔付,而是矢口否认,声称是被人买水军恶意抹黑,甚至还威胁要去起诉消费者造谣诽谤。在专业检测报告证明假货之后,他才被迫道歉,并答应赔付。消费者协会和工商管理部门介入了调查和处罚,直播平台也对他的直播间做了封停 60 天的处罚。那这种背书就起到了反作用,令不少消费者对再在该主播直播间购物心存芥蒂。当主播 IP 取得了粉丝的足够信任,会大大降低他们购买时的决策成本。消费者购买时的决策成本包括各种疑虑,比如我买贵了怎么办？我买到假货怎么办？我买了不好用怎么办？我买了想退方便吗？

再来看品牌背书。在直播间的品牌如果是知名品牌,观众本身对品牌就会有一定的信赖感,在购买时会放心很多。如果主播所售卖的品牌名气不够大,那么可以通过一些客观事实来建立观众的购买信心。这些客观事实就需要通过产品背书的话术来体现,比如用销量背书的——"家人们请放心购买,这款产品你看平台所展现的销售数字,已经销售了×××万件了",还有用评分来背书的——"我们品牌的店铺评分是×××分,这件产品的买家评分是×××分,完全在同行业遥遥领先",也有用服务来背书的——"支持全网比价,买贵了双倍退差价""我们的客服 24 小时在线,出现任何售后问题可以随时联系我们客服,我们将在最短的时间内帮您解决问题"。

示范种草。主播如果现身说法,从自用产品的角度来说明所带货的商品,会非常有说服力。我们也提倡主播对一些重要的直播产品去试品,当然如果有精力的话,对直播的主要产品都去做一下尝试是最好不过的,如果无法亲自尝试,要与选品人员充分沟通产品的试用情况。如果主播没有真正使用过某产品,也不建议说假话告诉观众亲身使用过,尤其不要把很多产品都说成是自用款,会显得非常不真实。主播把自用款拿出来种草,为产品做口碑担保,是提高直播产品信任度的有效方式,比如在介绍美容品时可以这样说:"现在大家看到的这款防晒产品就是我自己现在在用的,已经使用了×××天了,郊游、野营、远途旅游我都会带着,尤其在海边使用效果特别好。大家都知道在海边沙滩上游玩,太阳直射非常厉害,很容易导致……但是我用了这款产品以后,对比一起旅游的闺蜜皮肤,明显不会像她晒得那么黑,现在她也开始用我这款产品了"。

价格拉扯。我们在电商直播间里,经常会看到主播与老板协调、与品牌方砍价等戏码,虽然基本上观众们都知道是假的,但是看到人人在演就会感到有趣,而且不自主地期待最后"拉扯出来"的最终价格。我们不去鼓励提倡在直播间观众面前演戏作秀，不过适当的营销手段我们可以去合理借鉴。判断营销手段的合适与否，或者说某个方向的营销话术是否行之有效，应该从最后的复盘中尤其是销售数据的复盘中来分析验证。

五、促单话术

促单话术是转化话术之后购买产生之前的"最后一公里"，它让消费者最终下了购买决心并实际成单。电商主播基本上在直播间要解决潜在消费者的三个问题，就是"我为什么要买？""我为什么要在你这里买？""我今天为什么要在你这里买？"如果解决好了这三个问题，直播间观众在主播的直播间里即时下单就是水到渠成的事情。因为他会觉得他需要，他还会觉得你直播间里的性价比很高，他更会觉得如果今天不买可能就再也不可能用这么低价格买这样一件或一套商品的机会了。这就是营销学和消费心理学中"损失厌恶"心理在直播间交易达成时的真实写照。

促单话术可以做如下几类设计：

价格优势。电商主播可以反复强调产品的价格优惠力度，不让用户产生价格方面的顾虑，比如可以说"今天只有在我直播间有这个价格，其他任何平台都不会有。支持全网比价，买贵了可以毫不犹豫给我们退回来，我们补贴运费。""只有今天，只有此时此刻有这个价格，物料成本上涨，明天即将执行新价格，过了这个村就再没有这个店了。"

额外优惠。在当今供过于求的市场大环境下，在营销上通常强调"以客户为中心，为客户提供意想不到的惊喜"。额外优惠就是在不断制造这种惊喜，比如赠送和售卖产品相关的赠品、赠送精美小礼物、多赠送散装产品或试用装产品等。

数量稀缺。稀缺感会给消费者制造紧张感，是促单的优秀手段之一。数量稀缺不光是产品的绝对稀缺，款式、号码、颜色等的类型化稀缺，也是比较常见的稀缺种类，比如手机的某一个配色非常受欢迎但是却无货。在营造稀缺感的时候,可以参考如下话术:"大家注意,本产品今天是最后一批库存了,清完库存就再也没有了,需要的家人们一定抓紧购买,这款产品已经是绝版了,以后也不会再出了。""这款手机的'猛男粉'配色只有最后×××台了,今天全在我们直播间里放出,卖完就是真的没有了。"

时间紧张。时间紧张同样会给消费者制造紧张感,设定好特定优惠时间段,并说明过时不候,也是催促直播间观众下单的有效方式。这一类的话术可以说"还有最后一分钟,还想购买的家人们必须抓紧下单了,时间一到我们立即下架,就开始售卖后面的商品了"。

六、下播话术

在每场直播结束后,主播需要有完整的下播话术,可以从下播福利、直播预告、粉丝维护等方面进行设计。

下播福利——"美好的时光总是特别短暂,主播还有×××分钟就要下播了,感谢家人们的支持和陪伴,在今天最后与大家相处的时光里,最后给大家上个抽奖福袋,福袋里有×××。大家最后抢一次福袋,最后一次福袋的中奖率很高的,然后记得给主播点一下关注,这样下次主播开播时系统会自动给你发提示信息。"

直播预告——"今天直播已近尾声,主播要和大家说再见了,主播将在明天同一时间×××点到×××点继续开播,还没关注主播的请点一下关注,我们明天同一时间不见不散。"

粉丝维护——"感谢直播间还有×××位粉丝在下播时还在陪伴主播,我要感谢×××、×××、×××(读直播间粉丝榜单上的名字,如果人太多就只读前几名),感谢各位,今晚有你们真好,愿你们今晚愉快!"

第四节　直播话术的实操

以下话术仅供参考,非万能模板。根据平台的不同,对于话术的限制也有所不同,各电商直播平台中以抖音平台的话术限制最为严格。在抖音平台,最容易被判的话术违规是以低价逼单为主的利益诱导。大家在参考下面话术的时候,应当注意不要把某些利益诱导部分用于抖音的电商直播平台。

一、零食类产品直播话术

开场:

主播:大家好,欢迎来到直播间! 今天是个特殊的日子,尤其适合零食爱好者。新来的朋友别忘了点左上角的关注,老朋友们也别吝啬,点亮粉丝灯牌,一同享受更多福利。今天我们准备了福利和特价商品,有兴趣的话,在评论里输入"1",让我知道你们的期待。

副播:没错,新来的朋友们点个关注,还可以在评论里写下"新"字。

主播:好了,不废话了,直接进入今天的第一款商品——×××××××。先来看看这个包装,是不是很吸引人? 今天,我们为这个商品的价格狠狠地砍价,有人想要吗?

副播:我要!

主播:想要的朋友们,在评论区输入"想要",让我知道有多少人期待。

副播:看来大家都很兴奋。那么,今天在我们直播间,这款商品的价格是多少呢?

主播:让我们揭晓,今天在我的直播间里,只需 49.9 元,你就能拿到 12 包。如果你常买我们家的薯片,你应该知道,通常一包售价 78 元。但今天,只需 49.9 元,就能买到 12 包,折算下来,每包只需 4 元! 相当于半价啊,够实惠吧?

副播:哇,这个价格真是划算,想要的朋友们别错过。

主播:让我们来看看×××薯片! 我要告诉大家,我终于找到了一款解馋的好零食! 看看这个薯片的卡路里,比普通薯片低多了! 要控制卡路里的朋友,现在可以一次吃三包了! 无论是追剧、看综艺,都可以尽情享受,不再担心胖起来。

副播:没错!

主播:我自己超爱吃薯片,不管是追剧、看综艺,还是和朋友聚会,薯片总是少不了。但每次吃完都后悔,怕长胖,每次看镜子都感到郁闷。但现在,有了这款零食,我可以吃得尽兴,不再担心长胖问题,真的太好了。有和我一样的朋友吗? 一定要试试这款薯片,我保证你不会后悔。

副播:没错。

主播:通常情况下,我们家的薯片有点贵,可能其他品牌的薯片每包只要 5 元左右,但我们的薯片通常售价为 78 元一包。这是因为我们的薯片不仅健康,还没有添加剂。现在,我们年轻人都追求健康,希望吃得健康。

主播:但是,亲爱的朋友们,请听好,今天我们主播间是来送福利的,对不对?

副播:没错,我们是来送福利的。

主播:对,所以今天的价格是非常特别的。我希望大家能用平常吃薯片的价格,就能买到这款健康美味、不长胖的薯片。在我的直播间里,今天仅售 49.9 元,12 包装,相当于每包只需 4 元。这可是半价福利啊! 各位朋友,觉得主播慷慨吗?

副播:哇,这价格真心不高,想要的朋友们要赶紧行动了。

主播:没错! 今天只有 100 份,但直播间已经有 200 人了,所以要抓紧时间下单哦。在开抢之前,再来一次广告时间。如果你喜欢零食,享受购物,千万不要忘了关注我们,还有更多福利等你来拿。

副播:好的,朋友们,准备好了吗? 让我们的第一波福利开始! 3,2,1,上链接!

主播:亲爱的朋友们,我们的商品已经上线,你可以在左下角的小黄车里找到一号链接,今天的价格绝对是你找不到的,只需 49.9 元,就可以购得 12 包,比"双 11"还要便宜,真是划算至极。但请注意,只有 100 份,所以一定要迅速行动,别等到后悔。

副播:没错,大家要抓紧时间下单,免得商品售罄错失良机。

二、家具直播话术

开场:

主播:各位家居爱好者,欢迎来到××家具直播间! 这里不仅有精彩的直播现场,还有实地工厂直击,让您购物更加安心。新加入的朋友们,请不要错过小黄车里的一两块钱的超值福利! 稍后,我们将推出厂家直供的电视柜和茶几,这两款产品的福利可是非常吸引人的。如果您对它们有兴趣,请在评论区输入"想要",让我们知道您的需求。

副播:没错,让我们通过点赞支持和评论互动,一同冲向 6 万福利的开启。大家的声音将决定我们接下来开启哪个福利,完全听从您的选择。

主播:当然,别忘了关注主播,您可享受顺丰加急服务,以及七天无理由退换货和免费安装等专属服务。对于那些想要免费福利的朋友们,请继续点赞支持,我们的福利活动将持续,只需冲到 6 万福利,就可以开启新一轮的惊喜。

引导话术:

主播:亲爱的观众朋友们,相信您已经对××家具有了初步的了解,而且已经有不少观众抢到了优惠商品。如果您还未参与抢购,不必担心,因为更多的惊喜等待着您。现在,让我们一起揭开更大的惊喜吧! 请打开小程序或扫描二维码,与我们一同体验特别优惠……

场景导入：

主播：好的，现在让我们回到直播现场，开始深入了解我们的产品。

直播话术：

主播：大家好，我是今天的主播××，非常高兴能在这里与大家交流。现在的画面展示的是××家具的旗舰店，总面积达到 6000 平方米，拥有 39 个系列、3000 多件产品、26 种风格和款式，以及 58 种全屋定制供您选择。我们的目标是确保您选购的产品满意，使用放心。接下来，让我们一起深入了解工厂的情况，获取更多信息。

逼单：

主播：亲爱的宝宝们，刚刚我们已经初步了解了工厂环境，并且看到了厂家的诚意。现在，是时候领取福利了！如果您希望获得我们的福利商品，请关注主播并在评论区输入"想要"，我们将根据输入数量来上架商品。如果您尚未关注主播，也没关系，立即关注即可获得顺丰加急服务、七天无理由退换货和免费安装等专属服务。现在，请在评论区输入"想要"，我们最后一次统计数量，然后将福利商品的链接送出。数量有限，请务必抓紧时间购买！

三、家纺直播话术

（一）用马斯洛层次需求理论分析家纺行业直播话术

马斯洛层次理论从生理、安全、社交、尊重需求和自我实现五个层面建立模型，见图 6-3，马斯洛需求理论模型。

借助该理论，快节奏的直播话术也能说出高级感，比如可以这样说：

生理需求：每天上班迟到就怪这舒服的四件套！

安全需求：与长绒棉 8 小时的软糯贴贴。

社交需求：关灯后的生活品质同样要在乎。

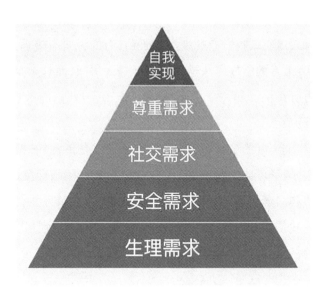

图6-3　马斯洛需求理论模型

尊重需求：如艺术品跃然床上，颜值品位双双在线。

自我实现：白天你是家人的铠甲，晚上你是被窝的宝贝，让它治愈你一天的疲惫。

(二)家纺类直播话术拆解

开场：

主播：各位宝宝们，我是主播小彭，今天非常开心在抖音上首播，我代表着我们家纺品牌。我们专注家纺已经有12年的历史，拥有自己的工厂，而且我们的产品不仅在某猫和某宝有店铺，江浙沪还有20多家线下门店。感谢大家的支持！新来的宝宝们，请点左上角的关注，点亮粉丝灯牌。今天，我为大家带来了特别的见面礼，包括29米的夏季防蚊门帘、49米的浴巾+毛巾两件套、69米的纯棉床上四件套。想要的宝宝们，一定要待在这里，一会儿我们整点开启超值福利！

提问：

主播：夏天就要来了，你们最烦的是什么？是不是蚊子？如果你最讨厌蚊子,就在评论区打个小1。哇,看来大家对蚊子确实有深刻的印象。但你们知道如何有效地驱蚊吗?有的说用蚊子药,有的说要点蚊香,还有的提到苍蝇拍。其实,最好的驱蚊方法是预防蚊子进入房间,而这正是我们夏季防蚊门帘的威力所在!

问题加深:

主播:有些宝宝可能会怀疑,认为夏季有蚊子是正常的,被叮咬也无所谓。但要知道,蚊子可能携带病菌,因为它们生活在阴暗潮湿的地方,身体中充满了细菌和病毒。当蚊子叮咬我们的皮肤时,它们可能会将这些细菌和病毒传播给我们。蚊子叮咬后,还会在皮肤上留下红疙瘩,导致皮肤瘙痒。更糟糕的是,它们可能会妨碍我们的休息,影响睡眠质量。所以,在夏天做好驱蚊工作非常重要。

问题解决:

主播:现在,让我们看看这款门帘,它采用环保材质制成,坚固耐用,安装方便,还可以水洗。门帘中间使用一整根大磁条,免去了磁条穿插的麻烦。门帘采用金刚网格设计,坚固耐磨,抗晒性强。网格密度达到惊人的5毫米,可以轻松阻挡蚊子、苍蝇、蟑螂等昆虫,甚至是最小的昆虫也无法穿越。此外,拆卸门帘时不会损坏门框。使用这款夏季防蚊门帘,抗风效果比传统门帘提高了90%。

解除疑虑:

主播:有些宝宝可能还是有疑虑,认为这款产品可能并不如广告中所说的那么神奇。现在,让我们亲自验证一下。我使用镊子夹住了一只小蚊子,然后将它与门帘网格进行对比。你可以看到,门帘的网格比小蚊子还要小,即使小蚊子展开翅膀也难以穿越。夏天即将到来,蚊子会越来越多,尤其是家里有小宝宝的家庭,使用这款门帘可以确保他们在室内安心游玩和安稳入眠,不会受到蚊虫的干扰,夏天的愉悦度将提高10倍!这款夏季防蚊神器,你想要吗?如果想要,请在评论区输入"想要"。

逼单:

主播:运营,看看有多少人在评论区打了"想要",是50人对吗?好的,请听好,市场价格是 69 元的夏季防蚊门帘,但在我们的直播间,现在只需9.9元,而且还包含顺丰快递送货上门。如果您已经关注了主播并加入粉丝团,我们还会额外赠送专用的夏季随身防蚊贴。这个防蚊贴单独购买已经价值9.9 元了。所以,现在只需 9.9 元,您就可以获得防蚊门帘和防蚊贴的双重福利! 这个价格只相当于一顿早餐的花费,就能换来整个夏季的舒适与安心。现在倒数 5 秒,准备好拼手速,5、4、3、2、1,链接已上,限时 1 分钟,大家快去抢购吧!

四、穿戴甲直播话术

开场话术:

主播:嗨,亲爱的宝宝们,欢迎来到×××的直播间! 我是今天的主播,×××。新进来的宝宝,别忘了点个关注,我们等会会有超值福利等着大家哦。

哇哦,看到这么多宝宝涌进来,太激动了! 废话不多说,让我们即刻掀起福利狂潮吧。今天,我们带来了×××系列的爆款产品,你们期待吗? 如果期待,赶紧在评论区打出"想要"的字样,不要犹豫,快来参与吧!

活动奖品不是特别多,但只要你们积极参与,我会给大家送上更多的福利。让我们一起享受今天的狂欢吧!

商品导入:

主播:亲们,有没有人觉得自己的手不够美,手指有点短,肤色也不那么白? 有时候在网上看到别人的手,是不是觉得羡慕呢?

不用担心,我们的×××穿戴甲可以帮助你遮掩手指的一些小缺点,让你的手指看起来更美丽。这是一款能够瞬间提升手指美感的神奇产品。

痛点+场景营销话术

主播:你们有没有试过去美甲店做美甲? 有的话,你们可能会发现美甲对指甲真的不太友好。美甲弄完后,甲床变得很薄,指甲也变得脆弱。而且每次美甲都要花费好几个小时,还有可能在几天内就开始脱落,真是麻烦。

宝贝们,为什么不试试我们的×××穿戴甲呢?它只需要几分钟,就能让你的手指焕然一新。来看看我们的产品成品吧。

逼单促单

主播:这样的价格,这样的质量,说实话,你在市场上找不到类似的。如果你喜欢,不要犹豫,快来评论区打出"要"!我们的运营会统计人数。

×××的价值在这里,宝宝们,现在的物价真的越来越高,但今天我们在这里,不仅为了宠粉,更是为了回馈大家的支持。原价是3999,今天只需799!而且还附赠了×××的丝巾,这个丝巾本来也要价值799呢!

没来得及关注的宝宝们,倒计时3、2、1,快行动起来!

宝宝们,别犹豫了。有的宝宝可能会担心下单后不会立刻发货,但别担心,我们会按照下单时间来发货的。所以请赶快下单,先把名额占下来,要是不喜欢还可以随时退款。但是如果你犹豫不决,可能会错失这个机会,因为其他人会更快下手。

已经下单并急于收货的宝宝们,可以在评论区写下"已拍,加急发货"三次哦。

五、女装直播话术

开场:

主播:各位宝宝,今天是"双12"特惠活动,我们的×××品牌平时一直秉持高端原则,从不打折。大家可以前往专柜或官网核实,我们向来专注于高端女装,绝不会妥协于折扣。但今天在我的直播间,我争取到了一次难得的特惠机会,所以请大家千万不要离开,如果想要抢购宝宝们,请在公屏上输入"想要"!而且还有一个令人兴奋的消息,整点抽奖时,我们将送出10部iPhone14手机,机会难得,千万别错过哦!

场景锁客：

主播：今天我给大家展示的第一款产品，正是我身上穿的这一款×××冬季新款外套。请大家关注一下我的穿着效果，这件外套选用了纯羊绒面料，洁白的色调彰显气质，同时也透露出高端的氛围。无论是日常工作还是社交聚会，它都能让你成为焦点！（气氛组：太美了！）这款高品质的外套，官方售价为3999元，但是在我的直播间，我特意为宝宝们争取到了最划算的福利，绝不会让宝宝多花一分钱。让我们来看一下版型，它采用了轻微的腰收腰设计，能够让腰部纤细的宝宝显得更加修长，而对于腰部稍宽的宝宝，穿上后也会呈现出非常苗条的效果。我身高160厘米，体重130斤，穿着L码非常合适，显得非常苗条，肩部也很舒适。对于不确定尺码的宝宝们，我们提供了尺码表供您参考，请务必确保选购合适的码数。（气氛组：非常有用的建议！）

价格烘托：

主播：好，现在让我们来谈谈价格，这个价格真的会令人惊喜。在专柜上，×××品牌从未打折，价格都在几千元甚至上万元。然而，在我的直播间，我不会让宝宝们多花一分钱。官方售价为3999元，但是今天只需799元（气氛组：只需799元！），并且还会附赠×××品牌价值799元的丝巾！（气氛组：买就送！）现在还没有关注的宝宝们，请快速关注，倒计时3、2、1，马上行动！（气氛组：赶紧上车！）

六、女包直播话术

开场：

大家好，欢迎来到×××的直播间！我是今天的主播×××。首先，特别欢迎新进来的宝宝们，让我看到你们的存在，你们是我们直播间的新鲜血液，也可以点个关注，因为我们有一波超值的福利即将放送。看到屏幕上不断飘起的"恭喜发财"吗？这是我们的报名口令，领取福利的通行证，赶紧去小黄袋领取今天的大礼吧！

唔，大家的热情真是爆棚！不多废话了，咱们开始发福利吧。今天的主打是×××，准备好迎接这个炸弹了吗？在评论区刷上"要"字，让我知道你们的需求！

价值塑造：

别以为这只是普通的产品，不，它可是独一无二的！想象一下，在传统商店里，同款×××要卖到令人咋舌的高价，甚至市面上的仿冒品都要比我们贵。但是在我们的直播间，你不仅可以以超值的价格入手，还能享受到绝对高品质的原单货，100% 真皮，每一个细节都精心打磨，无可挑剔！

接下来，让我们一起探讨不同颜色和款式。对于热爱经典卡其色的宝宝们，推荐点击 11 号链接，这里有你喜欢的款式。而喜欢清新白色的小伙伴们，只需 29.9 元，点开 11 号链接，就能拥有一款回弹性极高的白色×××。此外，我们还有黄色系列，37 号链接等你来挑选！

互动：

我明白你们会有各种疑问，比如产品是否会褪色。别担心，我们的×××配备了 24K 保色五金，绝对不会褪色。无论从外观还是实际使用，它都会给你们带来惊喜。

留人：

感谢大家一直以来的支持，尤其是一直在直播间陪伴我们的宝宝们。如果你们想要更多的福利和特权，不妨考虑加入我们的粉丝团，那里有更多的惊喜等着你们哦！

催单：

现在是行动的时刻！我们的库存有限，不要等待更多的犹豫时光。你可以在弹幕里刷屏"已拍，加急发货"，我们会尽快处理你的订单。还有，别忘了产品特惠的时间有限，千万不要错过这个机会，否则下次可要再等一段时间了。趁现在，立刻下单，享受购物的快感！

七、睡衣、塑形裤直播话术

开场:Hello! 各位美丽的宝宝们,欢迎来到我的直播间! 我是你们的主播××,感到非常开心见到大家。在这里,不仅有美丽的商品,还有丰富的福利等着大家。新朋友们可以立刻点关注,旧朋友们也别忘了来个关注加关爱哦! 接下来,我将给大家送上第一波福袋,需要的宝宝们要紧跟直播,因为这可是独家福利哦! 还有,别忘了在左上角加入粉丝团,这样可以领取更多的优惠券,下单更实惠!

商品导入:今天我们首推的产品是这一套令人陶醉的×××睡衣! 这是我们最新的冬季款式,采用了100%的纯羊绒面料。感受一下这丝滑的手感,真的是难以言喻的舒适! 这款睡衣以深邃的太平洋蓝色为特色,是一款ins风格,独具匠心的设计。我在这行业已经有15年的经验了,但我也是第一次看到这么特别的款式。这种颜色真的很难见到,所以这次的推出是一个爆款诞生的时刻。这款睡衣一穿上身,仿佛整个人都被温柔包围了。今天,在我的直播间,我争取到了最大的福利,绝不会让宝宝们多花一分钱,对吧? (团队:对!)好了,不多说了,现在就给大家上购买链接!

挂单:今天,我们还有一项全新的宠粉活动,那就是这款××塑形裤! 我相信大家在其他直播间也可能见过它,平时的价格是多少呢? 没错,我看到有些宝宝已经在公屏上打出了价格,平时它的价格是198元一件。但是今天,在我们的直播间,只要购买一件,你将免费获得第二件! (团队:太给力了!)没错,今天主播不是为了赚钱,而是为了涨粉! 如果你还在等待,那就等不到这个价格了哦!

气氛烘托:大家有没有抢到呢? 如果还没抢到,就错过了哦。不过别着急,我们还有最后几个名额,现在开始扩大名额,5、4、3、2、1,快来加入,只有5秒的倒计时,考虑时间不多了! 你们能抢到多少就抢多少。现在,1号链接上有109元的高品质产品,大家可以多刷新几次,这个产品今天是清仓价,你们想要我继续清仓吗？新朋友，我看你们在公屏上飘着 14 号、7 号、30 号，对吗？好的，接下来我将每分钟上一个链接，你们大胆地说出自己想要的款式，不要害羞。爱就要大声说出来，对吧，姐妹们？在直播间里，真诚交流最重要，只有你说出来，我们才能知道你的心声。来吧，如果你不说，我们怎么知道呢？（团队：没错！）

好了，亲爱的姐妹们，如果这是你第一次购买，或者你还不清楚怎么穿，别担心，只需在公屏上输入"1"，我会教你怎么穿。看到有些姐妹在问，这个裤子会不会褪色，我可以告诉你，这可是 24K 保色五金的产品！我们的品质是绝对的四位数哦！现在还有两个不太清楚怎么穿的姐妹，请继续关注，我将教你们如何穿。对了，还有一个姐妹说，她的胯部有点大，那么你可以左右扭动一下，这会更加顺畅。所以，请放心，这款裤子不仅美观，而且穿着非常舒适。如果你还有其他问题，随时可以提出哦！

逼单：各位亲爱的姐妹们，下单后千万不要匆匆离开，我还有一波小福利等着大家。距离今天的直播结束只剩下 20 分钟了，八点半之前下单并扣三遍"已拍"的宝宝们都可以领取这份塑形食谱，绝对是超值的福利哦！不过，八点半之后活动就结束了，所以抓紧时间下单和扣"已拍"哦！

有任何疑问或需要进一步了解的，都可以在公屏上留言，我会详细解答。我们的直播间不仅仅提供商品优惠，还有专业的服务和关怀等着大家。最后的机会，还在犹豫什么呢？和我一起享受购物的快乐，将美好带回家吧！

以上就是今天的直播内容，如果喜欢的话，请别忘了点赞和分享，这样更多的朋友也能加入我们的大家庭。感谢大家的支持和陪伴，我是××，祝大家拥有愉快的购物时光！

八、男装直播话术

开场引入：

主播：Hello 大家好，欢迎来到男装××品牌的直播间！（念出粉丝昵称)头号美少女,你好,感谢你的参与!

引导话术:

主播:在直播开始前,我想和大家打个招呼。欢迎你,进入我的直播间。我是今天的主播,将会为大家呈现男装精彩内容!无论你是男生要给自己添置衣橱,还是女生要为身边的男性购物,我们都有适合你们的选择。今天,我们要一起来挑选男士的时尚服装,让男生们更有型,女生们也能为男友或亲人选到心仪的礼物,不是吗?

解读昵称:

主播:嘿,看到你的昵称,一定是个幽默有趣的人吧!(拉近与粉丝的距离)让我们一起度过有趣的时光!

产品介绍:

主播:好了,现在让我们进入今天的第一款宠粉福利!这款精心挑选的(产品类型)是绝对的亮点。它采用了(材质和特点),这不仅保证了舒适度,还避免了常见的皱褶问题。男士们,这是你们衣橱里不可或缺的一件单品。

此外,我们的产品(再次强调品质),这样的价格绝对是超值,特别是今天的优惠。所以,如果你想要提升你的穿衣品位,这是一个不容错过的机会。

催单:

主播:亲们,这次的福利真的太给力了!如果你喜欢这款(产品类型),请在公屏上扣"喜欢";如果你还在考虑,不妨试试,我们提供(退款政策),你完全没有风险。还有一点,运费我们来承担,你不用担心。

助理:(协助配合,强调七天无理由退换货)

主播:来,大家抓紧时间下单吧,现在就联系我们的客服,轻松解决你的问题。一定要记住,我们不仅仅是卖产品,更是提供专业的服务,因为我们关心你的每一个购物决策。

催单环节要精心烘托氛围,营造出购物的紧迫感和兴奋感,同时强调服务和关怀,让观众有信心下单。

九、鞋子直播话术

开场白：

主播：Hello！亲爱的观众们，欢迎来到×××（品牌）的直播间，一定要记住关注我们哦，这样你就不会错过任何福利！特别感谢一直支持我们的老粉们，你们知道在我们直播间，第一件事情就是给大家发福利！

想要参与直播，赚取福利吗？别担心，左上角的粉丝团是你的好帮手，领取优惠券，让你的购物更加划算！

引入产品：

主播：新年将至，换新鞋是必备的，这样我们才能迈入全新的一年！好了，咱们不多废话，直接来看看我们的首款鞋子吧！这款鞋子是我们品牌的明星单品，随着时间的推移依然充满时尚感，现在请看我们的模特演示一下，是不是感觉十分时尚大气？（助手：是的！）

这款鞋子的细节设计可谓精致，它不仅时尚，还舒适耐穿。我们知道，男士鞋子容易起皱纹，但这双鞋子不仅舒适，而且不容易皱，机洗也不会变形。这就是我们所追求的品质！而且，对于在场的宝宝们，你们都知道我们品牌的官网价格是非常高的，但今天，只要在这个直播间下单，你就能以惊人的价格将这款鞋子带回家。原价××××元的鞋子，今天仅需×××元！这个价格是不是出乎你的意料？（助手：出乎意料！）

不要犹豫，只有 100 双，想要的亲们，赶紧下单吧，别让这个机会溜走！

产品介绍：

主播：再来看看这双鞋子的设计，不管你是搭配运动裤还是休闲裤，都能完美搭配。鞋底采用实心橡胶，耐磨又防滑。最重要的是，这双鞋适合各年龄段的男士，让你无论走到哪里都能充满自信！

催单：

主播：最后再重申一下价格，这双鞋子原价××××元，但今天在我们直播间,只需×××元就能带回家!心动了吗?(助手:心动!)想要吗?(助手:想要!)太好了!不要犹豫,链接已经上线,只有 100 双,想要的亲们,抓紧时间下单,机会不等人!无法抢到的亲们不要难过,我们还有更多热门鞋款等着你们,所以一定要保持关注,加入粉丝团领取优惠券和更多福利。感谢大家一路的支持,让我们的直播如此成功和完美!不要忘记明天同一时间再次相聚哦!拜拜!

第五节　直播间违禁词

电商直播间是一个开放的公域网络空间,因此对于违反国家法律法规、公序良俗,不符合平台规范的诱导、导流行为,直播间通过 AI 识别和人工巡检监测到后会给予警告或惩戒。因此,主播应特别注意不要在直播间直接说出违禁词和做出违禁行为。

需要注意的是,直播间违禁词会随着直播的发展和热点重大事件的出现而不断调整,比如疫情期间,抖音直播间是不允许主播直接说出"疫情""防疫"等词汇的。

我们在本节列出了抖音官方直播间给到的最新直播间违禁词,供参考学习。抖音直播平台是全网最严格控制违禁语和违禁行为的平台,因此对这些违禁词有了敏感度后,在其他平台做直播也都可以游刃有余。

一、有明显类目名次的关键词

销量第一、全网第一、服务第一、口碑第一、同行人气第一、同行销量第一、韩国销量第一、质量第一、抖音第一、行业销量第一、国内服务第一、欧美销量第一、全球第一、亚洲第一、欧美第一、同行人气第一、同行销量第一、全网人气第一、同行第一、世界第一、全网销量第一、世界服务第一、第一品牌、国际服务第一、全网第一。

二、全网最

全网价格最低、全网最强、全网最新、全网最大、全网品质最好、全网最便宜、全网冠军、全网最高、全网首家、全网抄底、全网最实惠、全网最专业、全网最优、全网最时尚、全网最受欢迎、全网第一、全网最火、全网最安全、全网之冠、全网之王、全网最正宗、全网最新鲜、全网最极致、全网质量最好。

三、抖音最

抖音最强、抖音最新、抖音最大、抖音品质最好、抖音最便宜、抖音冠军、抖音最高、抖音超低、抖音冠军、抖音最正宗、抖音最新鲜、抖音最极致、抖音质量最好。

四、严禁使用淫秽、色情、赌博、迷信、恐怖、暴力、丑恶用语

算命、算卦、神仙、保佑、玉皇大帝、王母、鬼怪精灵、如来佛祖、财神、灶神、门神、大仙、魔鬼、报应等迷信弄鬼的内容;性生活、性交、生殖器等淫秽的文字或画面,有碍公序良俗有伤风化的内容;带来好运、增强第六感、化解小人、增加事业运、招财进宝、健康富贵、提升运气、有助事业、护身、平衡正负能量、消除精神压力、调和气压、逢凶化吉、时来运转、万事亨通、旺人、旺财、助吉避凶、转富招福等。

五、违禁权威性词语

严禁使用国家×××领导人推荐、国家××机关推荐、国家××机关特

供等借国家、国家机关工作人员名称进行宣传的用语；

严禁使用质量免检、无须国家质量检测、免抽检等宣称质量无须检测的宣传用语。严禁使用人民币图样(央行批准的除外)；

严禁使用老字号、中国驰名商标、特供、专供等词语(唯品会专供除外)。

六、严禁使用刺激消费词语

激发消费者抢购心理词语：万人疯抢、抢疯了。

七、严禁举例其他平台

例如大众点评、淘宝、京东、唯品会、微信、手机号、联系方式多少，行为属于站外引流。

八、对价格的虚假时间范围描述

限今日、仅限今日(需指向价格)、今日特惠、明天涨价。

九、严禁民族、种族、性别歧视用语

回回、靴子、高丽棒子、老毛子、黑鬼、血统、蛮夷、大男人、小女人、男尊女卑、重男轻女、洋鬼子、小日本、大汉族主义等。

第七章　直播间互动关系管理

导语:

在电商直播中,建立和管理直播间的互动关系是至关重要的,这不仅能够吸引观众的兴趣,还有助于建立忠诚的观众群体并提高销售转化率。直播间互动关系管理涵盖了主播与观众之间的互动、观众之间的互动以及与产品或服务的互动。本节将深入探讨直播间互动关系管理的重要性,提供有关如何建立积极互动、管理评论和回应观众的见解和方法。

第一节　直播间互动关系管理理论

直播间的互动是指直播间的客户跟主播、场控、导演等直播间运营人员,通过语言沟通、发表评论、采取特定的行为(譬如点赞、送礼物、点灯牌)等方式,就商品的性能、营销点等内容,完成商品在直播间的交易的目的。

主播在直播间通过对商品细节的展示,运用游戏、福利等手段,再加上合适的互动话术,营造相关的氛围,激发直播间的客户的购物需求,从而完成直播间交易的完成,实现直播间的销售目标。而直播间的客户是指在直播间购买或者使用商品或服务的个人或组织。直播间运营团队根据客户是否在直播间有无直接消费的行为将客户进行分类:直接客户和间接客户。

直接客户指在直播间进行采购商品或者服务,能够直接给直播间贡献销售额的那部分观众。而间接客户是指未在直播间购买商品或者服务,甚至是不需要使用商品或服务,换句话来说就是不能给直播间直接带来利润的客户。但这部分客户,在一定程度上会影响直接客户的观念,决定消费决策,从而会影响直接客户给直播间带来的利润。

如何寻找目标、潜在的客户,如何将目标、潜在的客户转化成直播间真正的直接客户,如何增加直接客户的回购率及忠诚度,是直播间互动关系管理理论的重要内容。

一、直播间互动关系管理理论产生的原因

2016年淘宝直播开始上线,意味着电商开始进入电商直播的元年,2019年年底因为新冠疫情的原因,电商直播进入快速发展的阶段。虽然电商直播存在的时间并不长,但是电商直播从产生的第一时间,直播间运营团队就需要考虑直播间互动关系的管理,比如直播间该如何建立互动关系,如何进行互动关系的管理,如何发展直播间的第一批种子粉丝,如何快速实现种子粉丝的复制、裂变、拉新、转化。在这种情形下,直播间互动关系管理理论就有了存在的意义。直播间互动关系管理理论产生的原因是市场需求的拉动、互联网技术、通信技术及移动端技术的发展。

(一)市场需求的拉动

随着科学技术的发展,目前大部分商品的市场都是买方市场,也就是说,生产企业或者供应商想要获得预想的效益,必须要提供能够满足客户需求的商品,根据客户的需求设计商品、生产商品、销售商品、制定营销计划等。在电商直播的环境下,直播间想要实现直播间销售目标及生产企业利益的最大化,就需要通过市场调研、商品调研、竞品分析等方式来了解直播间的客户群体的特征,比如心理需求、购物倾向等。这从侧面也反映出直播间的客户的重要性、客户关系的重要性。

1.客户的重要性

从直播间的利润源泉来看,客户就是直播间的"摇钱树""财神""钱袋子",是直播间的利润的最直接的来源。但现实就是并不是所有进入直播间的观众都会成为直播间的客户,但是如果主播在直播活动中运用游戏、福利、引导话术等手段,激起直播间观众的从众心理,从而达到聚客效应,从而提升本场直播活动的销售额。

从信息价值来看,直播活动中,主播通过展示商品的细节,告知商品的使用方式及适用条件,尽可能向直播间的客户提供有用的信息。但是这些信息的传播者的身份,从直播间运营团队向直播间的客户转变后,直播间的观众更易建立起与直播间之间的信任感,更愿意主动去获得商品的价值,从而实现商品信息传递的价值的最大化。

从口碑价值来看,直播活动中,主播能够试用过商品,并能很好将商品的营销点传递给客户的同时,如果主播的身份做一个转化,变成直播间的客户的话,直播间的客户更愿意去购买商品。这也是从 2022 年夏,某顶流教育品牌直播间能够在短时间内,能被大众接受的原因之一。主播都愿意在自己直播间购买的商品,说明商品的质量肯定是不错的,是值得信任的,同时主播的身份转化成客户后,反而能够跟直播间真正的客户形成情感共鸣,对商品的口碑、直播间的口碑及主播人设等方面都会有很大提高,使得客户在直播间获得除商品的价值之外,获得额外的情感价值。一旦客户对某一商品、某一品牌或者直播间有了情感价值需求后,就会对商品、品牌、直播间产生情感依赖。情感的依赖就是客户的忠诚度的体现,就容易形成口碑。当然直播活动中,商品的使用者在直播的过程中,彼此在评论区中,就商品的细节或者使用体验进行的交流的话,由此产生的口碑效果比任何营销话术的效果更好。

2.客户关系的重要性

直播间的客户关系管理开始于直播间的观众转变成了直接客户,重点在于客户关系的维护及客户可以成为直播间隐形的营销人员,实现客户的终身价值。在电商直播过程中，直播间面临的最难的工作，通常不是通过直播前的微信、微博的软文推广或者短视频等等营销活动来开发新的客户，而是一场直播活动结束后老客户并没有流失，并能在下一次直播的时候继续回购，成为坚定的忠实客户。从这个角度来说，直播间的客户关系维护得好，可以在直接降低直播间获客成本及交易活动的成本的同时也能促进老客户的购买增量购买，实现新老客户的交叉购买。直播间的目标、潜在的客户开始第一次在直播间进行消费后，获得不错的购物体验后，选择多次在直播间进行购买，成为直播间的忠实客户。只有忠实客户的不停购买行为才能给直播间带来源源不断的利润。同时忠实客户也会在跟直播间形成良好的关系后，会及时跟直播间运营团队及时反馈商品的使用体验，甚至会主动去帮直播间进行宣传，可以降低直播间的宣传成本的同时也方便直播间能够就商品/服务本身、物流、售后等方面及时整合多方位的资源，及时满足直播间的客户的消费需求。这样从侧面也能提高客户的满意度与忠诚度，实现直播间客户不停复制、裂变、拉新、转化的进程。

同时，直播间在进行客户关系管理中，运营团队需要考虑到客户的终生价值。而所谓的客户的终生价值，是指一个客户一生所能给直播间带来的价值。这个价值的不仅仅体现在一个客户在一个企业或者某一个直播间能够购买的商品的数量，同时还包含着客户的历史价值及未来的价值。在电商直播中，一个客户的终生价值还体现在客户将自己在直播间购买商品的好的体验在评论区或者在直播活动中跟主播不断互动的过程，对商品、生产企业、直播间进行宣传。同时，客户也会有意识或无意识地将直播间和商品推荐给自己身边的人。这部分人群中很可能就包含直播间的目标和潜在客户。而这部分的客户的获取、宣传的成本，几乎忽略不计。但是这部分的客户的质量是有保证的，极大地降低了直播间、生产企业的运营成本。

因此，直播运营团队在进行客户关系管理的时候，需要把格局打开，不要着眼于客户一次花多少钱，购买了多少商品或者服务，应该从大局考虑，关注客户在一段时间或者长时间内能够给直播间带来的潜在价值。

(二) 互联网技术、通信技术及移动端技术的发展

自 20 世纪 90 年代以来,为了满足市场竞争的需要,很多企业相继开发了诸如销售自动化系统(SFA)、客户服务系统(CSS)等软件系统,用来维护客户关系。

互联网技术、通信技术及移动端技术的发展也为客户关系管理的实现和功能扩展提供了前所未有的手段。同时将客户关系管理进行细化,产生了电商直播的客户关系管理。

互联网技术、通信技术及移动端技术的发展也让直播间运营团队可以实现数据挖掘,通过数据分析,能够精确获得客户的消费需求,并在此基础上给客户提供更多、有效的个性化营销活动,更好地维护老客户及开发新客户。与此同时,数据库技术、人工智能、知识发现、基于浏览器的个性化服务系统等技术的发展,也使得直播间运营团队提高了收集客户信息的速度、分析客户信息的效率以及利用客户信息的质量。同时互联网技术、通信技术及移动端技术的发展,电商直播过程中的即时沟通工具变得越来越普遍,越来越方便,更容易打开商品交易时空的壁垒,可以实现直播间和客户随时随地的即时沟通,加快了商品交易的速度。同时即时通信软件的存在,可以帮助直播间跟每一个客户建立相关的关系管理,并及时获取客户的反馈及消费需求,可以帮助直播间及时调整营销政策,获得利益最大化。

互联网技术、通信技术及移动端技术的发展让直播间运营团队跟客户之间能够建立起非常好的信息平台和互动手段,同时也给直播间提供了一个低成本的信息获取工具,实现了直播间跟客户的无差别的沟通,方便直播间更好地掌握客户的消费需求。从这个层面上讲,互联网技术、通信技术及移动端技术的发展推动了直播间客户关系管理的发展,同时帮助直播间拓展其为客户服务的能力。

总之,在需求拉动和技术推动下,直播间的客户关系管理不断演变发展,逐渐形成了一套管理理论体系。

二、直播间互动关系管理理论的基础

虽然相比传统的市场商品的交易,电商直播出现及发展的时间并不长,但是直播间互动关系管理理论并不是处于萌芽阶段,而是处在蓬勃发展阶段。这主要是因为直播间互动关系理论是在关系营销、客户细分、客户关系生命周期的基础上,进行发展而来的。

(一) 关系营销

营销学中的关系营销的核心,就是企业在营销活动中需要重视客户关系维护的重要性。关系营销理论与直播间互动关系理论的目的是一致的,都是在维持老客户的活跃度的基础上,开发新的客户,甚至部分新的客户是因为在维持老客户的过程中自然而然产生的。

直播间的互动关系理论借鉴了关系营销中的企业与客户的关系管理。毕竟,互动关系的管理不仅仅是简单的物质利益的互惠,更是形成了一种企业与客户之间在情感上的彼此认同。直播间互动关系管理可以帮助直播间运营团队在直播活动中,通过主播跟客户的即时互动,使得直播间跟客户的价值观、世界观、人生观一致,通过情感的共鸣,让客户对直播间有着特别的情感。而直播间可以通过维系这种情感来获得更多客户的支持,从而形成一种长久的利益机制。

(二) 客户细分

传统的营销学要求生产企业在做市场调研的时候,需要将客户进行细分,分析各个客户群体的特征,根据客户的需求设计、生产商品,以求达到满意的营销效果。毕竟不同客户个体之间必然存在差异性,这就意味着不同的客户群体有不同的消费需求,不同的消费需求需要对应的商品的种类、性能不同,能够给企业带来的价值也不相同。在直播间的互动关系管理理论中,直播间运营团队也需要对直播间的粉丝进行分类,分别进行画像分析,了解直播间粉丝的消费需求、消费理由、消费习惯等信息,并对这些信息进行分析,一方面根据分析的结果有针对性选择合适的商品在直播间里进行销售;另一方面也可以根据分析结果制定合理的营销计划、营销话术以求最大的营销效果。

虽然说直播间互动关系管理是为了维护老客户的同时开发新客户并尽可能减少客户的流失,但并不是所有的客户都会跟直播间建立并发展长期合作关系,必然会有部分客户流失。因而直播间运营团队需要对客户,进行细分,期望找到能够跟直播间有着相同价值观的客户,可以跟直播间一起共同发展,并持续不断地给直播间带来收益的客户。同时通过客户细分,了解不同客户群体的不同的消费需求,并针对不同客户开展不同的、个性化营销活动。这么做一方面可以避免直播间资源的浪费,同时也能让直播间的利益实现最大化。这就是说直播间运营团队需要首先通过客户细分,获取不同的客户群体的特征,选择具有较大概率或较高价值同直播间会保持密切关系的客户,并有区别地开展目标营销,就会起到事半功倍的效果,大大节约直播间有限的资源。

(三) 客户关系生命周期

直播间的客户生命周期是指从客户进入直播间,观看直播活动,购买商品,反馈意见到最终从直播间消失的全过程。电商直播的客户关系生命周期,相比较于以往营销活动中的客户关系周期,所经历的时间有可能更短。直播间主播人设的崩塌、商品的质量问题等缘由都会使得直播间在短时间内流失大量的粉丝,甚至断崖式地下滑,所以直播间运营团队,要想实现直播间的可持续、稳定的发展,就必须额外关注直播间的客户关系的生命周期和发展阶段,同时根据直播后复盘及时了解到某一商品的客户关系生命周期的变化或者因为主播的变动,直播间的销售额的变动。

三、直播间互动关系管理理论的内容

直播间互动关系管理是指直播间借助互联网技术环境下信息获取和交流的便利,充分利用数据仓库和数据挖掘等先进的智能化信息处理技术,把大量粉丝资料加工成信息和知识,用来辅助直播间做出最适合的经营决策,以提高客户满意度和直播间竞争力的一种过程或系统解决方案。

直播间互动关系管理驱动因素有三个。

第一,直播运营团队可以通过微博、微信等软文推广或者短视频推广方式,利用互联网技术、通信技术、移动端技术等去提升直播间客户购物体验,全方面地去满足直播间客户的各种消费需求。

第二,直播间可以利用相关的自助系统用以提升直播间的服务质量,从而能在增加客户满意度和客户忠诚度的同时,又能降低营销成本、销售成本以及客户服务成本。

第三,直播间需要建立协作型服务质量管理数据库,整合各个渠道客户交互的各种信息,其中包括电子化渠道或其他的一些传统渠道,将这些整合的信息汇总到一个集中的数据库中,形成一个完整客户观察数据库,并对数据库的信息进行分析,提取到客户的特征,提供个性化的营销活动。

第二节 直播间互动关系管理的实操

电商直播的本质上是通过互联网技术,采用直播形式对商品进行交易的过程,主要包括商品交易信息、电子支付、物流等内容。实质上是"直播"与"电商"的有机融合。

直播间的客户可以通过收看直播活动,根据主播推荐及展示、直播间其他客户互动等内容,进行相关的消费与否的决策。直播间主播的专业导购

式体验,是电商直播区别于传统电商最大的特色。传统电商对商品的展示主要是货架式的展示,与客户的互动性并不强,而电商直播中,商品的展示通常是由主播根据商品的营销点或者直播间客户的要求进行全方位的展示。同时主播与粉丝,粉丝与粉丝之间都能进行互动,彼此都能从中获取到自己想要的信息。

与此同时,国内观看互联网直播活动的用户也随着时间而不断增加。目前电商直播呈现的内容十分丰富,直播形式多变,可以更大程度上满足客户的观看直播的需求。同时直播的内容可以根据直播间气氛变化而随时改变,更加灵活。传统电子商务模式下,即使商品信息的内容再怎么人性化,客户也只能根据看到的图片、视频、文字等内容,对商品有一个大体的了解,部分细节不能看到,使用方法也有可能不清楚。而电商直播通过即时沟通软件,可以及时跟客户进行互动交流,直播间或者商品提供方能够更好了解客户的需求,并根据客户的需求及时调整直播内容,提升客户的购物体验。

总之,电商直播拥有主播的专业讲解,即时互动方式能够更好地为用户服务。并且由于主播能够对用户提出疑问能快速进行讲解,电商直播可以增强用户感受度。与此同时,电商直播中,主播还能快速把握用户心理需求和及时地收集用户意见及反馈。

一、直播间互动关系管理的必要性

电商直播为什么要重视直播间跟客户的互动?从众多的电商平台及社交平台的直播的开展以来,直播间的互动性活跃与否在一定程度上可以决定吸引受众的数量,也会影响直播间观众向直播客户转变的速度及数量。主播在电商直播平台中是否具有知名度和影响力的最直观的数据就是,进入直播间的受众的数量。主播的互动能力,也是直播间选择主播的一个决定性因素。这就意味着,直播间想要卖出更多商品获取更多利益的时候,对主播的选择,一方面要考虑主播的知名度及影响力;一方面要考察主播在直播活动中跟粉丝互动、控场的能力。毕竟，主播利用福利优惠、游戏等方式，加强跟直播间观众的互动，才能让观众们更容易去相信并认可直播间所售卖的商品的质量，从而激起直播间观众的购物需求，做出消费的决策。直播间通过工作人员跟观众的交互行为，可以营造直播间营销气氛，能够与观众保持互动。

直播间互动关系管理，就是利用直播运营团队跟直播间观众，观众之间的互动去营造出直播间良好的群体气氛，可以让直播间的观众对商品产生相应的归属感，如果再加上仪式感十足的游戏、福利优惠等互动手段，可以大大提高直播活动过程中观众的积极性。直播间互动关系管理的时候，需要运营团队设计互动流程和互动脚本，特别是直播间游戏的规则的制定。毕竟互动游戏背后跟平台的权重有关，也会影响直播间的流量转化效率。直播间需要从电商平台或者社交平台获取流量，获取到流量后，直播间运营团队如何将流量转化成客户，是直播间互动关系管理的最终的目标。直播间可以根据电商平台或者社交平台所谓的权重分多少、权重多少、群众关注什么，去设置直播间互动关系管理。

平台的权重主要是指直播间的粉丝黏度。粉丝黏度可以数据化体现在软文推广、短视频营销、直播活动过程中的点赞量、评论量，甚至是粉丝浏览软文页面的时长、观看短视频的时长，以及在直播间观看直播活动的停留时长。这些数据化的信息，可以帮助直播间运营团队来判断营销内容、活动是否优质，是否精彩。也可以帮助直播间去判断选品工作是否合格，直播间的货品结构是否合理，直播间的商品的定价是否合理。直播间是否需要调整相关的内容及政策来增加粉丝对软文、短视频的停留时长。当然这个停留时间最好超过 3 分钟。留存关注、转粉率、互动停留、共享、加购、回访等数据，也可以成为直播间互动关系管理的依据。

直播间互动关系管理的一个重要目标就是要提高直播间粉丝转化率。提升粉丝的转化率的方式，除了主播利用营销引导话术及直播间的互动营销游戏外，还有直播间实时上线、客户的反馈以及直播间粉丝的评论等方式。直播间互动关系管理,可以营造直播间氛围,增强客户的情感的归属感,获得相应的营销效果。比如说在直播活动刚开始的热场环节,或者是秒杀商品之前,主播可以创造购买氛围实现观众在主播引导下抽奖,尽可能吸引更多的观众进入直播间观看直播活动。直播活动的过程中,主播引导客户回复相同的话,然后截屏让发弹幕的观众参加抽奖,多设置几次抽奖,几次以后主播慢慢地和观众达成了默契,只需要说让观众回哪些文字,观众就会随着一起搞队形,这样可以最大程度上利用客户的从众心理,尽可能提升观众在直播间的停留时间,对于直播间的关注和认可程度会有所提高。此外,直播间为了加强粉丝归属感,可设专享款粉丝专享款,只是这款商品显然是买来了才赚钱,然后可以将其设为粉丝团专享款只有加入粉丝团的粉丝能够购买,更易吸引粉丝参与粉丝团的活动,而粉丝团更是抖音独有的功能,淘宝直播里面有个类似功能叫作亲密度,这个亲密度其核心原则就是我要手动加粉丝团,加入粉丝团后,随着你在直播间的观看的时长、评论的、互动的节奏以及你的购买额度,这些都能持续提升呀,提升之后,粉丝们都能享受专属福利。粉丝团这个等级给予不一样的折扣。

直播活动中互动过程,直播间运营团队可以从中看出当中的哪些挚爱粉,哪些是僵尸粉。同时直播间需要对等级高的粉丝,亲密度大的这些粉丝,提供跟普通粉丝有差别的待遇。直播间这么做的原因,一方面可以对挚爱粉丝、等级高的粉丝以及亲密度高的粉丝给予了更多关注的,同时也会让普通的粉丝们明白,原来参加粉丝团是需要提升的,提升关注度或者亲密度可以得到优先待遇,可以提供像宠粉、普通粉那样的福利。这样,直播间就形成了客户成长体系。客户的成长的体系的形成标志着直播间完成对客户细分、客户分层。直播间运营人员可以根据细分的客户群体的特征,消费需求的不同,针对不同层次的客户,安排不同的营销推广内容、营销推广活动、营销政策。

直播间的关系管理还有一个重要的内容就是如何引导粉丝们或者以往客户对主播及商品进行评论。直播的时候,如果评论区很安静,对主播的心理也会造成一定压力，只有适当引导粉丝发表评论，主播根据粉丝的评论的内容，及时调整互动话术或者互动手段，比如此时可以通过一些例如猜价格等小游戏来引起直播间粉丝的好奇心，粉丝积极评论后，主播开始对商品的性能、营销点进行了细节展示，展示之后，再告知商品的价格，增强直播过程的趣味性。当然也可以让粉丝们来猜猜商品的定价是多少，展示完商品后，引导大家购物后，适当的将搜集到相关的奖品，通过抽奖方式反馈给客户。

让粉丝持续关注直播间，也是直播间互动关系管理的重要内容。为了让粉丝继续关注，主播可以在直播活动中通过在线互动，及时答题等方式增加互动。特别是对一些比较热切的粉丝们，主播不能忽视他们的问题，如果说实在是没有办法直接回答粉丝的问题的时候，可以换一种说法，告知粉丝，已经看到了对方的疑问，在解说商品完毕之后，再回答。同时对于直播过程中反复出现的问题，主播是不能够不耐烦的，毕竟直播间的观众随时都可以进出直播间，不是每个观众都能看完一整场直播，因此直播活动过程中反复出现的问题，在一定程度上是观看直播活动的观众都想要问的问题，所以主播需要回答反复的问题。直播间里的抽奖的次数及抽奖规则，在直播开始之前，运营团队需要设定好：到底一次抽完好还是几次抽完。同时抽奖的环节不能只有一个抽奖的提示，但没有具体获奖观众。但是直播的目标并不是抽奖，抽奖只是一个维护粉丝持续关注的手段，而不应成为粉丝进入直播间的目的，尽可能不设置整点抽奖，避免发生直播间观众在抽奖之后会选择离开。不定期的抽奖或者直播中间不时地穿插抽一次奖，效果会好一些，会吸引话粉丝们就会源源不断地出入直播间。抽奖不是直播的目的，而是作为一种吸引粉丝进入直播间的手段，让直播间观众在关注抽奖之外，顺便观看主播对商品的展示，激发他们的购物需求，促进商品交易。

直播间的互动关系管理，会让运营人员关注到粉丝的关注点具体在哪里。根据粉丝的关注点选品员选择进入直播间的商品及商品的定价、结构配置。直播间的互动关系管理，可以提升直播间的流量转化率。在直播活动中，主播通过话术、游戏、福利等互动手段，维持粉丝的持续关注，并在互动过程中,找到粉丝的需求点,作为后期直播营销活动政策决策的依据。

二、直播间的互动活动类型

直播间运营团队如果想要直播间互动关系管理效果达到预期的效果,就需要知道直播间的互动活动类型有哪些。

(一)抽奖

抽奖是指在直播间详细情况上的互动设置上选择打开"抽奖开关"并增加对应抽奖活动,为每个抽奖活动都设置了参加条件和抽奖奖品。直播间的抽奖可分为无门槛抽奖和门槛抽奖。无门槛抽奖是指任何进入直播间的观众均可参加直播抽奖,不需要设置额外的条件。这种抽奖方式有利于吸引广大平台流量进入直播间,观看直播活动,这样就可以提高直播间曝光度,有助于直播间吸粉。而门槛抽奖就是指直播间的观众想要参加直播抽奖时,必须具备一定的条件,比如说需要关注直播间、点亮灯牌或者是加入粉丝群等。这种抽奖方式,有利于增加直播间粉丝关注量,提升流量的转化率,增强直播间氛围感、仪式感,刺激直播间以往的客户分享以往的购物体验,便于实现客户的复制、裂变、拉新等。

直播活动中抽奖在一场直播活动的次数和规则由直播间运营团队在直播之前确定,通过主播、副播、场控、导演的互相配合将不同抽奖投放到不同的节点上,从而造成不同结果。直播抽奖在一定程度上可以激发客户的活跃度、指导客户共享直播间、增加直播间曝光度、更好地保留老客户、激发客户的复购热情。特别是直播开场或者下播时设置抽奖,可以很好地营造直播间的氛围。抽奖频率及奖品都可以由直播间运营团队来决议,譬如说抽到优惠券、红包、淘金币等。抽奖规则也需要设置得尽可能简单,便于直播间的客户操作,譬如通过截屏抽奖,"亲们在直播间扣'想要'、我倒数5个数就截屏了、被我截屏的人都会有××赠品"。

(二) 回答弹幕

弹幕就是直播间观众在观看直播活动中,可以在公屏即时发布的点评留言,这些留言及时直观地表达了直播间观众的思想。直播间运营团队可以通过弹幕在一定程度上可以及时了解直播间观众的疑问与诉求,侧面也能知道目标、潜在客户的消费需求。主播可以对弹幕中的问题进行解答疑问,也可以围绕某一话题在直播间里跟客户进行讨论,引导更多的观众进行参与话题,让直播间的客户有参与感。不要忽略了直播间观众的任何疑问,主播及运营团队需要及时耐心地逐一回答直播间观众的疑问,并引导他们点赞、关注、分享、直播。

毕竟直播间的观众都是直播间潜在的目标客户,直播活动已经将目标客户吸引过来了,所以需要直播间运营团队通过关系管理将其转化成真正的客户。同时主播在直播活动的时候,需要设计恰当的肢体语言和进行表情管理。同时直播间工作人员在跟直播间观众互动的时候,要多注意使用礼貌用语,尽可能幽默一些,开朗一些,增加亲和力。主播平时可以多上网冲浪,积累网络段子,语言尽可能诙谐一些,拉近跟观众之间的距离。同时在展示商品的时候,主播也可以将自己使用商品的体会或者感想跟观众进行分享,这样一方面可以让观众更好地认识商品,提高销售额;另一方面也利于消除观众对直播间的不信任感和距离感。

(三) 福利互动

福利互动是指直播开播前、直播进行的过程中直播运营团队设置多次数抽取现金、秒杀活动,给粉丝送福利等活动,来引导直播间观众刷弹幕,积极互动,进而购买商品。比如,当主播在镜头前展示介绍商品后,可以根据直播间观众的购买意愿的强弱,及时增加福利商品的数量,或者优惠力度。这期间的时候,主播可以引导直播间的观众进行刷屏,抢占,造成适当的购物氛围,利用客户的从众心理,提高销售额,或者限制销售数量,制造好似"供不应求"的局面。这时候,老客户享受相应客户成长体系的优越感、仪式感,同时也会让新进直播间的观众产生归属感、认同感。

以福利互动途径实现直播间的热闹气氛,是需要掌握相应的技术,才能使直播间客户对交互有信任感。这种方式虽然可以给直播间的新老客户带来不确定的小惊喜,但是这种小惊喜不能太多,毕竟福利互动的商品,单件商品的利润额一般不如普通商品多,福利品可以提升销售量,但是多数情况下并不能提升直播间的整体利润额。譬如说最后五双鞋秒杀,新年福袋等等。同时福利互动,不一定是要将商品的利润额压低,可以换种别的方式让直播间的观众获得新奇感,譬如说主播时而卖货时而弹唱歌曲,譬如说男助理们穿着女装反串表演等,这些都能使直播间瞬间变得热闹,可以增加直播间互动率,同时也会拉动正常利润的商品的销售额。

(四) 内容互动

在直播活动开始之前,运营团队通常会利用软文推广和短视频营销等手段,提前向潜在客户展示直播的核心内容,确保他们准时观看直播。无论是在直播前的预热阶段,还是在直播进行的过程中,高质量的内容始终是吸引观众并满足他们消费需求的关键。

为了打造一场成功的直播,运营团队需要深入理解直播主题,并充分挖掘主播的个人特色和专业技能。他们根据这些信息来确定前期推广的重点内容,确保所选择的内容不仅与主播的风格和能力相匹配,还能够有效地吸引目标受众。通过对内容的精心策划和反复演练,团队能够更准确地把握观众的喜好和需求,从而在维护老客户的同时,成功吸引新客户。

此外,直播运营团队还需要具备高度的灵活性和应变能力。他们通过不断的实践和反馈来调整直播内容,寻找最适合观众口味的发展方向。这种持续改进和优化的过程,有助于团队为直播间的观众提供更加贴心和专业的服务。

为了确保直播活动的顺利进行并给观众带来惊喜,运营团队在直播前还需要进行一系列细致的准备工作。这包括编写详细的脚本、划分直播的各个环节、安排每个时间段的具体任务等。通过这些精心的策划和准备,团队能够确保直播内容的连贯性和吸引力,为观众呈现一场精彩绝伦的直播盛宴。

(五)进群互动

直播结束后,并不意味着直播互动关系管理工作的终结,而是将互动关系延续到粉丝群的新起点。在直播过程中,我们应积极引导粉丝加入粉丝群,以保持持续的互动与交流。回访率作为直播间的一项重要数据,不仅反映了直播间的吸引力,也是衡量粉丝黏性的关键指标。淘宝等直播平台在评估一个直播间是否有趣时,除了观察直播时的实时互动情况,还会关注粉丝在直播结束后的持续观看行为。

当粉丝数量达到一定规模时,我们可以考虑建立淘宝群或微信群来进一步凝聚粉丝力量。在每次直播前,通过发红包、分享精彩内容等方式炒热群内气氛,为直播活动预热。粉丝群的建立不仅为直播运营团队提供了一个与粉丝稳定沟通的渠道,还有助于更精准地了解粉丝需求,制定有效的营销策略。同时,通过粉丝群筛选出的目标客户和潜在客户,有助于直播间建立更完善的客户成长体系,增强粉丝归属感,最终将他们转化为忠实的拥趸或免费的品牌传播者。

(六)游戏互动

每一个直播平台都有许多好玩的虚拟道具,如跑车、飞机、游轮、钻戒、挖掘机、小黄瓜、萌哭、给跪、么么哒。观众在直播平台中观看直播的时候可以通过向主播送礼的形式来表达感情,是一种情绪上的互动方式。甚至在部分的直播过程中,部分粉丝除了问主播问题、聊天、购物之外,还喜欢观看各种小道具的秀。同时,在直播间内主播还可以用互动小游戏与观众进行互动,比如真心话大冒险、数三十、抢红包等。这些比赛均由多人参加,奖罚分明有助于活跃直播间的气氛,便于主播适时推出商品展示,提升直播间的销售额。

随着科技的不断进步,观众对直播的视觉体验要求也越来越高。为了满足这一需求,许多直播平台开始引入 3D 技术和 VR 技术,为观众带来更加逼真、沉浸式的观看体验。以花椒直播为例,该平台推出的 VR 直播让观众仿佛置身于直播现场之中,与明星和主播实现"零距离"交流。这种前所未有的视觉体验不仅让观众眼前一亮,也为商品展示提供了更加真实、立体的展示环境。借助 VR 直播等科技创新手段,粉丝可以更加深入地了解商品细节和使用效果,从而提升购买意愿和满意度。同时,这种创新也为直播行业带来了更多的可能性和发展机遇。

三、直播间的互动活动流程的设计

一个成功的直播间不仅要有吸引人的内容和优秀的主播,还需要一个精心设计的互动流程。这个流程需要在直播开始之前进行周密的策划和准备,确保主播和现场工作人员能够按照既定方案,顺利完成道具准备、互动规则设置、奖品选择等各个环节,从而实现最佳的直播效果。直播间的互动流程首先是确定直播活动的主题或者宗旨,直播前通过粉丝群沟通,软文推广、视频营销等方式获取直播间客户的需求点,同时直播活动之前需要进行预热,让更多的受众知道直播活动的时间,直播脚本的确定及直播活动过程中人员的各司其职,最后直播结束后,还需要对直播活动进行复盘,找到本场直播互动活动的成功点及不足点。

(一)明确直播活动的主题和宗旨

直播活动的主题和目标是整个直播流程的指南针。我们可以将直播活动的主题和目标大致划分为三种类型。首先是利用知名主播的影响力吸引观众,通过他们的粉丝基础和流量优势,提升直播间的曝光度和销售量。在这种情况下,选品和定价策略需要紧密围绕主播的形象和受众群体来制定。

其次,对于生产企业来说,直播也是一种有效的市场调研和销售模式探索工具。通过直播展示产品、收集反馈,并与传统电商模式进行比较,企业可以更加直观地了解市场需求,探索更适合自身的销售方式。这种直播活动通常需要结合产品特点和目标市场来定制互动环节和营销策略。

最后,针对库存积压的问题,直播清仓活动成为一种高效的解决方案。通过优惠的价格和限时抢购等策略,直播间可以在短时间内聚集大量人气,解决库存问题的同时深入挖掘直播间观众的需求。这类活动需要注重活动节奏的把控和客户关系的维护,以确保老客户的忠诚度和新客户的开发。

在明确了直播活动的主题和目标之后,直播团队需要进一步规划具体的直播流程。这包括设计吸引观众的互动环节、制定合理的客户关系管理方式以及确定符合主题和目标的商品结构和价格策略等。

(二)挖掘目标客户的痛点及需求

了解目标受众的需求和痛点对于打造一场成功的直播至关重要。在确定了直播主题和目标之后,选品团队需要精心挑选与主题相符的商品,并在价格和商品结构上做出合理决策。这要求团队对市场和消费者趋势有深入的了解和把握。

为了更准确地把握目标受众的需求,直播团队需要在粉丝群中进行积极的互动。通过提前发布调查问卷、发起话题讨论等方式,团队可以了解粉丝对即将直播的商品的接受程度和消费需求。这些宝贵的一手信息将为后续的直播内容和互动设计提供有力支持。

此外,主播作为直播间的核心人物,也需要在直播过程中不断收集和挖掘观众的反馈和需求。通过弹幕互动、游戏互动以及实时问答等方式,主播可以更加直观地了解观众的情绪变化和购物需求,从而灵活调整自己的直播策略和互动方式。这种实时的互动和反馈机制有助于提升观众的参与感和购物体验。

(三)直播活动开始之前的预热及推广

有效的预热和推广是确保直播活动成功的关键步骤。在直播开始前的一段时间内,直播团队需要制作包括文字、图片、音频、视频等在内的多元化推广材料,并选择适当的营销平台和渠道进行推广。这些推广材料需要紧密结合直播主题和目标受众的特点来设计,以吸引更多潜在观众的关注和兴趣。

同时,预热和推广的过程也是与粉丝建立联系和互动的好时机。团队可以通过发布互动话题、邀请粉丝参与活动等方式来激发粉丝的参与热情和归属感。这种互动不仅可以增加粉丝对直播活动的期待值,还有助于提升直播间的活跃度和用户黏性。

在预热和推广的过程中,团队还需要密切关注和分析各种数据指标,如曝光量、点击率、评论数以及用户画像等。这些数据不仅可以反映推广效果的好坏,还可以为团队提供优化直播流程和内容的参考依据。通过对数据的深入分析,团队可以更加精准地把握目标受众的需求和市场趋势,从而制定出更加有效的直播策略。

(四)制定直播脚本、确定工作人员的职责及直播互动活动

直播脚本是指导整个直播过程的重要文件,它包括单品脚本和整场脚本两个层面。在制定脚本时,团队需要充分考虑每个商品的特性和卖点,以及观众的接受程度和互动习惯。针对每个商品,团队需要设计富有创意和吸引力的互动话术和展示方式,以激发观众的购买欲望和参与度。同时,整场直播的节奏和流程也需要进行精心安排,确保各个环节之间的衔接自然流畅。

除了脚本之外,明确直播间工作人员的职责和分工也是确保直播顺利进行的关键因素。每个工作人员都需要清楚自己的工作内容和职责范围,并在直播过程中严格按照既定方案执行。这种明确的分工和协作机制有助

于提升团队的整体效率和执行力。

(五)对直播活动进行复盘

直播活动结束后，不意味着就不需要再进行直播间互动关系的管理工作了。相反，对直播活动进行全面且深入的复盘是提升未来直播效果的关键环节，甚至可以决定下一场直播活动的成功与否。直播结束后，运营团队需要收集直播活动中，观众以及新老客户的反馈意见，及时回复及解决新老客户所遇到的问题，提高新老客户的购物的体验，为下一场直播活动做基础。

第三节　电商直播的互动关系管理规则

一、与直播间客户进行有效沟通

电商直播，这个新兴的销售模式，借助互联网技术的翅膀，将传统的商品交易过程以直播的形式呈现在消费者面前。然而，在这个看似简单的转变中，却蕴藏着许多易被忽视的细节。其中，与直播间客户的实时沟通便是至关重要的一环。

在直播营销中，主播们往往容易过于沉浸于商品的功能展示，却忘记了与直播间客户进行有效沟通的重要性。尤其是对于那些新手主播来说，面对镜头和众多的观众，他们可能会感到紧张、不知所措，甚至完全忘记了与观众互动这一关键环节。

这种忽视客户沟通的做法，无疑是一种巨大的失误。因为电商直播并不仅仅是一个单向的商品展示过程，更是一个双向的、实时的互动过程。在这个过程中，客户不仅是被动的接受者，更是主动的参与者。他们渴望与主播进行互动，分享自己的观点和需求，寻求一种更加个性化、更加真实的购物体验。

盖洛普(Gallup)的调查数据为我们提供了有力的证据:重视客户参与的营销策略能带来66%的销售增长、25%的客户忠诚度提升,以及至少10%的净利润增长。这些数字清晰地告诉我们,与客户进行有效沟通,引导他们积极参与商品营销活动,是电商直播取得成功的关键。

因此,在电商直播中,运营团队应积极策划个性化、多元化、趣味化的内容,以吸引更多的流量和关注。同时,主播们也需要通过双向即时沟通渠道,如弹幕、评论等,与客户建立紧密的互动关系。这种互动关系不仅能够提升客户的购物体验,还能够增强客户对品牌和主播的信任感和忠诚度。

电商直播并非单向的营销漏斗,而是客户主动选择满足其购物体验、情感及情绪需求的平台。因此,从客户的实际需求出发,设计具有吸引力和参与度的直播活动主题、商品选择和营销话术,是建立有效沟通的重要前提。只有深入了解客户的需求和喜好,才能够提供真正符合他们期望的商品和服务。

某知名教育品牌直播间的做法为我们提供了很好的借鉴。他们的主播在直播过程中不仅展示商品,还直接参与到购物行列中,甚至向直播间工作人员推销产品。这种互动方式既展示了品牌活动的参与过程,又拉近了与客户的距离,使观众感受到自己是直播间的"自己人"。这种亲近感有助于激发客户的沟通欲望,使他们更愿意分享自己的观点、行为和偏好。

通过与客户的紧密互动,直播团队能够及时了解客户的反馈和需求变化,从而为直播间的营销计划调整提供宝贵依据。这种以客户为中心的营销策略,不仅有助于提升销售业绩和客户满意度,还能够为品牌的长期发展奠定坚实的基础。

二、直播间客户沟通的原则和技巧

(一)直播间客户沟通的原则

跟直播间客户进行有效沟通,是直播间互动关系管理中必须要掌握的规则,也会影响到电商直播最终的结果。所以,直播间运营团队必须要知道,跟直播间客户沟通的过程中需要遵循哪些原则。

1.明确沟通目的、沟通思路要清晰

直播间的互动沟通是有目的的,要么是为了销售商品,要么是为了了解直播间客户的需求,要么是为了提高直播间的流量转化。所以,在直播活动过程中,主播要选择合适的时间点,就某一个问题跟客户进行沟通,要做到心中有数,使直播间的客户能清晰明白彼此需要沟通的内容。主播在跟客户互动沟通的过程中,必须要保证沟通思路的清晰,给客户提供准确的信息,从而提高客户反馈的信息的可用性。这期间,主播可以不断调整谈话方式和说话语气,来获得客户清晰、明确的信息反馈,使沟通效果事半功倍。

2.尊重并信任直播间的客户

直播间的客户是直播间主要的经济来源。主播在跟其互动沟通的过程中,一定要尊重每一个进入直播间的观众(当然,极端黑粉除外)。电商直播中,直播间面临的最大的问题从来都不是如何快速地获取粉丝、流量,而是如何将粉丝和流量进行有效转化。只有尊重每一个进入直播间的观众,客户在直播间才能获得从其他竞争直播间那里不能获得的尊重和信任。这样,客户才能对直播间形成情感依赖,更容易说出自己内心的想法。直播间才能获得有效的沟通效果,从客户那里获取到想要的信息。

3.耐心去"听"客户的需求

在日常生活的沟通中,我们要少说多听。因为通过倾听,我们可以更好地了解对方的意图及其想要表达的含义。同时,我们的倾听也会激发对方的倾诉欲,使其提供更多有用的信息。虽然电商直播的过程中,大多都是主播在进行讲述,主播没有办法直接听到客户的语言反馈。但是,通过电商直播平台的后台管理系统等工具,直播间还是可以通过弹幕、评论来"听"到客户的需求和反馈。这时候,就需要直播现场的导演、场控等工作人员关注评论、弹幕,从中整理出直播间客户想要表达的信息,及时提醒主播关注并进行回复。所以,直播间的"听"大多数是无声的。甚至有时候主播在展示商品的时候可能会忽略掉一些重要信息,但其他的工作人员一定要提醒主播去关注相关内容,避免让直播间的客户认为直播间对其反馈的内容不关心,从而打击到客户想要跟主播互动的积极性。

(二)直播间客户沟通的技巧

电商直播对客户来说是一种新兴、时髦的购物体验方式。在法律意义上,也可以将电商直播视为企业的一种商业广告活动或者推广活动。从这个角度来看,主播在直播活动中的具体行为还要承担"广告代言人""广告发布者"或"广告主"的责任。同时,主播还兼具销售员和信息收集员的角色。所以,在直播过程中,主播跟客户的沟通交流是需要一定技巧的。

直播间互动沟通大多数发生在主播和直播间的观众之间。直播间的观众通过弹幕、评论和主播进行互动、发表自己的言论;而主播则大多通过麦克风语音的方式在直播活动中回复相关的信息。主播可以尝试以下直播间客户沟通的技巧:

1.感谢、赞美直播间的客户

无论是主播还是导演、场控等工作人员都需要明白:客户的支持和反馈可以直接影响直播间的销售额和人气。所以,在跟直播间的客户、粉丝交流的过程中,要尊重、信任对方、真诚对待并感谢和赞美直播间的客户。虽然忠言逆耳利于行,但是大多数受众还是更喜欢听肯定和赞美的话语。直播间运营团队不可以轻视直播间的观众、更不能利用言语去攻击观众——即使对方所说的内容不正确,甚至带有攻击性。

只有直播间给予观众足够的尊重和关注、观众才能获得相应的认同感和归属感,进而才能实现流量的有效转化、获得电商直播的最大效益。尊重、赞美直播间的客户最简单的方法就是在直播时多感谢、赞美观众;这样才能尽可能留住他们、维持直播间的人气。要知道,只有直播间有足够的人气、流量的转化才能实现;而直播间的客户正是流量转化的结果和效益来源。当主播或直播间工作人员代表直播间向客户表示感谢或赞美时,在一定程度上可以满足客户的虚荣心、拉近彼此的距离;使其愿意主动跟直播间沟通、分享自己使用商品的体验和感受——甚至可以转化成直播间的隐形推广人员。所以,在直播活动过程中,主播、导演、场控等工作人员一定不要吝啬自己的感谢和赞美之词。

2.利用小表情、小动作来调动直播间气氛

电商直播中,主播不仅利用语言、营销话术和游戏等方式来调动直播间气氛,还激发观众互动沟通的欲望和消费需求,从而促成商品的交易。增加与直播间客户的交流沟通,可以提高客户在直播活动中的参与感和沉浸感,使直播营销活动更加成功。

主播不一定需要拥有高颜值或多才艺,但必须有自己的特色,能够让观众记住自己。例如,某顶流教育品牌直播间的几位主播各具特色,其中一位主播因其方脸而形成的各种表情包,让观众感到可爱有趣,愿意与其互动沟通。这样的直播间气氛更加活跃,直播效果也会更好。

另外,有些主播可能不擅长做出可爱有趣的动作,但他们可以在直播前准备一些小道具,帮助自己在直播过程中增加观众的好感度,从而调动直播间气氛。例如,某头部直播间的某位男主播就是如此,他通过巧妙地运用小道具,成功地吸引了观众的注意力,提升了直播的互动性和趣味性。

3.利用幽默来提高直播间的趣味性

幽默可以快速拉近两个陌生人之间的距离,建立起信任感。因此,幽默也是直播间与客户沟通的一大利器。在直播过程中,并不是所有商品的营销点和性能点都能被普通大众所接受。例如,烟台苹果好,但好在哪里呢?主播在展示时需要告知直播间的观众关于苹果的口感、酸甜度、生产环境等信息。当主播展示商品时,除了展示相关的专业技能和科普知识,如果仅仅是生硬客套的说教,直播间的观众就可能难以接受。因此,可以利用幽默这一利器来更好地解释商品的营销点,使观众在轻松愉快的氛围中接受信息。

4.真诚对待直播间的观众

电商直播中,直播间通过主播、弹幕、评论等方式与直播间的客户进行互动沟通。直播间沟通的目的有两个：一是主播向直播间客户展示商品的细节，让客户更好地了解商品的卖点，从而进行购买；二是通过互动沟通，直播间能掌握客户的特定观点、消费理由、消费习惯以及消费需求等内容，有利于后期及时调整直播间的营销流程及商品的选择，获得更好的直播营销效果。在互动沟通的过程中，双方都需要确定对方在讲什么、讲话的目的是什么，才能达成有效沟通。

在电商直播的过程中，主播、导演、场控等工作人员需要主动挑起沟通的话题，并且多去关注直播间观众的反馈，及时互动。直播间的工作人员需要多站在客户的角度，揣测客户说话的语气和内容，层层分析、反复琢磨。如果不确定对方的意图，一定要跟客户进行沟通确定，弄清对方想要表达的意图，根据对方的意图进行有针对性的回复。千万不能给出模棱两可的回复，让对方弄不懂直播间的态度。直播间的态度必须是明确和确定的。

这就要求在电商直播的过程中，主播要通过语言、动作和表情充分向用户展示自己想要表述的内容。主播可以发挥想象力并进行逻辑分析，但一定要将内容准确地表述出来。如果不确定直播间客户的意图，主播一定要主动去问，多次确认，以弄清客户要表达的真正意图。这就是说，主播在"倾听"客户反馈的时候，要主动并积极确认客户的真正意图。

同时，主播与用户交流的时候要抱着一颗真诚的心。如果确实是没有办法当即回复客户的问题，也可以提出来，不要模糊带过或不具体去讲。只要直播间能够展示自己的真诚性，即使主播的回复没有办法让客户满意，对方也会选择包容。与此同时，客户的黏性自然就会提升。

第八章　电商直播选品

导语：

决定电商直播活动成功与否的三要素分别为人、货、场。其中的人是指直播活动需要选择合适团队,直播间运营团队包括营销活动的策划团队、选品团队、主播运营团队、直播间的设备操作人员及直播后的进行复盘的工作的人员等。其中的"场",是指直播活动的场次、空间、直播设备的选择及直播的场地等问题。其中,"货"指的是直播中要推荐或销售的商品,一般是由直播间选品团队负责。选品团队的工作职责是对直播间的商品的选择、确定及规划。选品工作是电商直播的营销的起点,如果直播间运营团队,要想提高直播间的流量的转化率及销售量,选品团队一定要选择合适商品进行营销,并且可以合理规划直播间商品的定价、结构、陈列、上架顺序等,还需要直播间商品进行精细化的配置和管理。

本章会就选品团队的工作内容及工作方法具体展开叙述。

第一节　电商直播的现状及意义

一、电商直播的现状

目前,电商直播的生态系统随着时间的变迁也愈加完善。商品供应链、直播平台规则机制、MCN 机构与主播的合作方式、生产企业和主播及 MCN 机构的合作机制，以及中间服务商和政府部门等诸多方面的规则都逐渐明朗化、清晰化，形成了一个相对完整的产业链。电商直播的发展方向也向专业化、精细化、垂直化转变。直播间运营团队通过成员之间的相互配合和合作，共同为客户提供更好的购物体验。电商直播已然成了快速发展且活力十足的新兴产业。

特别是 2019 年年底的那场疫情，给全球经济按下了暂停键。在这场没有硝烟的战争中，中国对新冠疫情的应对政策使得很多国民不得不去适应新的工作、生活和学习方式。同时，这也催生了很多新兴居家办公经济和无接触经济，其中电商直播更是呈现了爆发式发展的趋势。商务部数据显示，2020 年上半年，全国电商直播超 1000 万场，活跃主播数超 40 万人，观看人次超 500 亿，上架商品数超 2000 万。电商直播成为拉动消费、推动双循环的新引擎。

电商直播的本质是"电商+直播"的发展模式。在电商直播中，选品团队通过专业筛选选择合适的商品在直播间进行售卖；主播以直播的形式全方位地展示商品的细节，并能解答客户关于商品的疑问；物流信息系统的建设也愈加完善，提升了客户的购物体验。电商直播可以帮助客户降低商品选择成本，在购物过程中与主播之间实现双向互动，在直播间找到归属感和认同感。

然而，电商直播作为新兴产业形态，发展时间并不长。在发展的过程中也存在不少争议，例如个别主播为了利益对商品进行虚假宣传、甚至直播数据造假等现象。同时，在电商直播的内容营销过程中也存在版权侵权的问题。此外，主播的高收入也可能面临偷税、漏税的风险。甚至还有部分主播为了利益肆意拉踩同行，导致客户对电商直播的信任感和好感不断降低。

《中华人民共和国电子商务法》已由中华人民共和国第十三届全国人民代表大会常务委员会第五次会议于 2018 年 8 月 31 日通过，并自 2019 年 1 月 1 日起施行。这使得电商直播也能做到有法可依，为行业的健康发展提供了法律保障。

二、电商直播的意义

电商直播已经成了一种新型的商业模式。它不仅可以拉动消费,助推双循环,还可以帮助传统经济实现产业升级,催生新的就业形态,助力农村脱贫以及助推乡村振兴。具体表现为:

电商直播模式使商品提供者能够通过软文、短视频等方式被大众所熟知,提高知名度,获得经济效益。这种模式的出现降低了中小企业、外贸代工厂、亿万农户等商品提供者的推广成本,使他们能够通过电商平台直接将产品销售给消费者,从而提高产品的销售额和知名度。

电商直播可以缩短商品的供应链,甚至实现"生产—销售—消费"的无缝对接,极大地压缩中间渠道的同时,也减少"信息不对称"造成的客户额外购物成本。这种模式的出现使商品从生产到销售再到消费的时间大大缩短,从而提高了商品的流通效率,降低了消费者的购物成本。

电商直播可以实现国内、国际流通的升级,激发中国消费潜力。通过电商平台,国内外的商品可以在同一平台上销售,使消费者能够更加方便地购买到国外的商品,从而促进国际贸易的发展。同时,电商直播也可以激发国内消费者的消费潜力,推动国内经济的发展。

电商直播可以催生新的就业形态。越来越多的人选择电商直播作为创业项目,并取得了不错的收入。这种新型的就业形态不仅提供了更多的就业机会,还推动了经济的发展。

电商直播可以助力农村脱贫,助推乡村振兴。通过电商平台,农民可以将自己的产品销售给全国甚至全世界的消费者,从而提高产品的销售额和知名度。同时,电商直播也可以帮助农民了解市场需求和趋势,从而更好地调整自己的生产和经营策略。以淘宝直播的"村播计划"为例,该计划自2019 年启动以来,已经覆盖全国 31 个省区市的 2000 多个县域,带动了 6 万多名新农人加入直播,农产品销售额达 60 亿元。超过 500 名县长走进直播间带货,帮助县域农民实现增收。

第二节　电商直播选品策略

一、电商直播选品的目的

电商直播的目的就是为了销售商品,所以要想电商直播获得成功,首先直播间要有合适的商品。但市面上的商品类目繁多,哪些类目适合在直播间售卖,哪种商品在哪位主播的加持下能够取得不错的销售量,直播间的商品质量该如何保证,如何选择商品的物流等,都是直播间选品团队应该考虑的问题。选品团队在进行市场调研、竞品分析后,根据以往的数据分析,选择合适商品进入直播间,合理规划直播间商品的定价、结构、陈列、上架顺序等,还需要对直播间商品进行精细化的配置和管理。

二、电商直播选品策略详解

选品工作是一项几乎可以决定电商直播盈利或亏损的重要决策,所以直播间需要制订正确的选品管理制度。

(一) 电商直播为什么要严格选品

1.直播间的客户属性要求直播间运营团队必须进行严格选品

直播间账号的运营过程,团队需要进行策划和短视频、微博、微信公众号的内容运营和用户运营,获取直播间的流量,分析直播间客户的消费需求、消费习惯、消费喜好等特征,从而确定电商直播的营销方案。电商直播过程中的优惠福利活动,无论是优惠券还是折扣,都离不开相应的营销活动策划。内容运营、用户运营、活动运营都必须围绕直播间账号的定位来进行。账号的人设,可以帮助直播间吸引跟账户主张价值相关的客户群体。通过前期的运营工作,可以打破了客户和主播之间的隔阂感,建立客户跟主播之间的信任感,这样在后期的直播活动中,观众才会不自觉亲近主播,对主播有情感依赖,在做消费决策的时候,不由自主地会听从主播的建议和意见。虽然互联网技术、通信技术的发展,让直播间的流量、粉丝的增长速度呈爆炸形态迅速增长,但是一旦直播间的选品失败,直播间的粉丝的黏性、数量也有可能呈断崖式减少。电商直播这种特有的基于主播和粉丝的特殊情感属性,要求直播间的选品工作必须慎重、必须选择与直播间的客户属性相匹配的商品。

2.内容运营展示的商品数量限制要求直播间运营团队必须精选优品

电商直播前期活动的人数主要依靠的是直播间账户优质的内容运营带来流量所形成的流量池。也就是说,直播间账号需要在抖音、快手等电商直播平台发布相应的优质内容且具有足够的吸引力,可以让直播间账号的粉丝甚至是路人都有想要点进直播间观看直播活动的欲望。

电商直播账户在日常运营活动中,所制作短视频、软文等内容,可以对直播间想要的销售的商品进行广而告之及推广。但是短视频的制定是有时长限制的,一个短视频一般情况只能给电商直播平台的用户展示一种或者几种商品。这就要求选品团队在选品的时候,要选择精致的、对粉丝有吸引力的商品。

同时,主播和观众的精力都是有限的,所以每个观众观看直播的时间也是有限制的。在有限的时间里,主播需要向观众展示商品的细节,介绍功能和相关的优惠;同时还要兼顾与观众的互动,回答观众的相关问题,促成交易。基于此,选品团队在确定某商品进入直播间的时候进行销售,并且需要制定商品的价格,调整直播间商品的结构。同时为了保证直播间商品的精致度,吸引度,选品团队必须对商品进行了样品的试用,建立商品的生产溯源体系,设立相关的监测机制,商品售后追踪系统。

3.电商直播的特殊客户决策模式要求直播间运营团队必须进行专业选品

不同于在实体商场的开阔的视野及四面八方的商品促销信息围绕,也不同于传统电商的货架式的商品的展示方式,电商直播活动中,直播间的观众处于一个特殊的消费场景,在特定时间内只能了解一种商品。在电商直播活动氛围下,客户决策模式较以往也就发生了变化,在特定时间内,只能对一种商品的细节进行考量,一般不会去选择货比三家,所以决策时间会更短。毕竟电商直播活动可以制造创造沉浸式、冲动式、隔离式、单独评估的消费场景,影响直播间客户的决策模式。电商直播所营造特定的营销氛围,可以满足直播间客户的情感、情绪的需求,快速决策。

沉浸式的消费场景,是指让直播间的观众在统一的消费体验中进行内容及商品信息的获取。这种消费场景,在电商直播中比较常见,一般是主播在直播活动中,通过对商品进行全方位的展示并进行相应的试用或者体验的过程。通过商品的试用或者体验,主播直观地向客户表述商品的细节及商品的使用体验,让直播间观众代入相关的场景,进而去打动直播间的观众,实现直播间观众向直播间客户转化。这就要求选品团队在进行选品工作时,必须从客户的角度去选择商品。

冲动式的消费场景,是指电商直播活动中,主播通过秒杀、粉丝福利或者其他优惠活动,来刺激直播间的观众进行消费,这种优惠活动往往优惠力度很大,但是活动具有一定的时效性或者商品数量有限,营造一种商品供不应求的假象,这样就会给直播间的观众进行心理暗示,这个优惠活动一旦错过短时间内就不再有的情况,这样就会在无形地给直播间的观众进行施压压力,让其进行冲动消费。电商直播中,冲动式的消费场景可以吸引直播间的流量,提高转化率。这就要求选品团队在选品工作之前清楚直播间的观众的消费需求,有针对性选择精致、性价比高、有吸引力的商品,同时还需要及时调整直播间的商品的组合,利用相关的数据分析,适当设置商品的价格及数量。

隔离式的消费场景,是指在电商直播中,直播间提供的商品质量优于竞争直播间,或者是优惠力度大于竞争直播间,或者主播的直播风格独特于竞争直播间,进入直播间的观众只选择商品的时候只认可这个直播间,不会选择其他的直播间。这种消费场景在电商直播中不太常见,毕竟想要进入直播间的观众对直播间或者主播有着特殊的情感依赖,形成特殊的忠诚度,是很困难的。这就需要选品团队与生产企业达成独特商家合作模式或者共同孵化商品,形成直播间独特点。

单独评估的消费场景,就是在电商直播活动中,主播可以利用相关的营销话术,让直播间的观众只关注并评估一个同类型商品,将商品的营销点进行适当的放大,给直播间观众适当的心理暗示,本直播间的商品是同类型中最适合直播间的客户的。单独评估的对立面就是联合评估。联合评估状态下,是指潜在、目标客户产生相应的消费需求,会选择多渠道地收集商品的信息,并进行多维度的比较,如价格、材质、工艺、品牌、销量等,最终按照比较的结果做出消费决策。想要营造单独评估的消费场景,选品团队在进行选品工作的时候,需要收集、汇总商品的相关信息形成商品信息库,还需要在电商直播开始之前,对样品进行试用,比对样品、商品的信息,找到商品的营销点,并根据营销点设计相关直播脚本及话术。

(二)电商直播的选品步骤

互联网营销环境中选品步骤主要分为:初步确定商品类型,选定意向商品,最终确定具体商品。

1.初步确定商品类型

在电商直播中,选品团队确定直播间售卖商品的种类和数量之前,首先要确定直播间能够售卖商品的类目。这也是说,选品团队在选品工作之前,要确定直播间的账号的定位,是全品类还是垂直品类。比如某顶流教育品牌在抖音打造的直播间,既有突出个人 IP 的直播间,又有聚焦助农产品的直播间,还有图书直播间、美丽生活号直播间、看世界直播间、将进酒直播间等。这些直播间虽然都是该品牌旗下的直播间,但是这些直播间的定位是迥然有异的,选择售卖的商品的类目也是不同的,能够吸引的受众、流量也是不同的。此外主播的人设、风格及直播间的粉丝画像也会影响商品选择的类目。

选品团队需要根据直播间的账号定位,主播人设风格及粉丝画像来初步确定选择商品的类目。选品团队确定商品的类目后,还需要重点关注所选择的商品是标品还是非标品。

标品是指规格化的商品,可以有明确的型号,比如手机的型号。标品由于是商品规模化生产,原材料成本、生产成本差异较小,商品附加值不高,这就意味着价格透明,利润空间较小,卖家利润空间有限,再就是品牌性的商品是纯标品。所以对刚开始运营的团队或者个人来说,选择标品的话,对粉丝的吸引力并不大,同时与相关企业洽谈商务的时候难度非常大,特别是账号的粉丝量不多的情况。

非标品是指生产企业不按照国家颁布的统一的行业标准和规格制造的商品或设备,而是企业自行设计制造的商品或设备,且商品的外观、性能都不在国家设备商品目录内的商品。换言之就是这个商品,国家或者行业都没有统一的标准,在商品外观颜色、形状,原材料、规格,因为生产企业的不同最终生产出的商品的价格也不同。这类商品大多是日常生活的便利品,具有一定可替代性,比如说食品、服装、化妆品、农产品等。特别是农产品,因为地域环境的不同,气候的不同,种植方式的不同,商品的价格也是千差万别。比如同样是大米,产地是五常还是盘锦,种子的型号不同,最终成品的口感、营养价值也会不同,自然最终的价格也会不同。

选品团队初步选择标品进行粉丝变现的时候,选品团队需要收集前台商品数据,如根据类目搜索,也可以使用数据源,如生意参谋、京东罗盘,通过工具可以判断商品在该电商平台的大致生态,确定具体的营销策略。

电商直播的利润被认为是非常可观的,于是越来越多的人开始投身这个行业,特别是一些自带流量的网红、明星也纷纷选择直播带货/卖货。电商直播现在是一个风口,但不是每个人都可以能够把握这个风口的。即使拥有庞大的流量池的网红、明星,如果选品工作没有做好,出现商品的质量的问题或者口碑的出现问题,也会出现流量断崖式跌落,没有办法实现可持续发展。

所以选品团队根据账号的性质及主播人设初步确定商品的类目的时候,尽可能选择非标品,也需要考虑商品是否具有大众性、商品是否适合市场,商品的价格是否具有优势、商品是否有独特的营销点和差异性。

商品的大众化是指这个商品是大众在日常生活中都会使用的商品,是日常生活不可或缺的,一段时间内,客户重复购买的商品的可能性极高。这就意味着商品在直播间的回购率会有所保证,只要商品的质量还可以,容易形成忠实客户。

商品是否适合市场,是指选品团队在进行选品工作的时候,需要考虑商品的售卖的时机和时令性,以及是否可以在市场进行销售。特别是农产品在刚开始上市的时候,商品的价格要高一些的,那么直播间的观众是否能够接受这个价格,是否愿意为其买单。再比如说海鲜商品或者一些冷链商品,由于物流环境的限制,只能在部分区域销售,没有办法再大规模推广。

无论是传统的电商还是电商直播,所销售的商品的价格相比较实体商场的商品价格要相对低一些。如果价格都一样,客户会认为还不如直接到实体店去购买,毕竟电商购物还得等好几天,没有办法直接拿到商品。所以选择线上购物的客户,普遍都有想要捡漏的心理满足感。

现在电商直播所售卖的商品几乎覆盖了所有商品类目,更甚者,之前有某头部主播在自己的直播间里卖火箭。再加上现在生产技术和效率的提高,选品团队有了更多的选择,不需要只局限某一品牌或是生产企业。但是选品工作也不能马虎,选品团队在进行选择的时候,需要对商品的营销点进行审核,是不是具有差异性。毕竟电商直播的客户做消费决策的时候,除了考虑商品的实用价值之外,还需要考虑的商品所附带的虚拟的价值,比如说情感的寄托或者情绪的宣泄等。同时选择电商购物的客户普遍都有猎奇心理,所以直播间的商品的选择上还是有一些独特性,个性化的元素的考虑的。

2.筛选意向商品

选品团队根据直播间账号的属性、主播人设、风格及直播间的粉丝群体的特定消费需求确定商品的类目后,还要在同类目的商品的中选择合适商品,并对其进行筛选。

首先,试用样品。无论样品的来源是生产企业主动跟直播间联系主动提供的,还是选品团队寻找生产企业/供应商进行合作讨要的。选品团队在商品进入直播间进行最终的售卖之前,都需要对商品进行试用。一方面通过试用,选品团队能够掌握商品具体的性能参数及使用方法形成文字。主播可以通过这些文字在直播活动的过程中能更好地向直播间的观众展示商品的细节。另一方面,通过试用,选品团队可以筛选一些质量不过关的商品,避免直播间陷入口碑危机。

其次,收集商品的信息。选品团队必须在商品进入直播间展示之前,必须要收集的商品的相关信息。收集的商品的信息可以提供给主播,便于直播介绍商品,还可以对同类商品进行信息比对,找到商品的营销点,整理直播脚本和话术。

还有就是需要评估商品。选品团队可以借助评估模型确定具体商品。建立评估模型,尽量用量化思维确定最后选品。根据行业经验,一般会选取商品功能、商品颜值、商品价格、质量可靠、市场替代性五个维度构建模型。模型的权重可以根据用户人群特性、时间、市场状况调整。

选品团队依照这个模型来进行百分制评分并进行加权计算,分析比较,最终得出选品的优先顺序。使用此种方法有两个关键点:一是加权系数的调整。这需要考虑选品的目标,例如,作为短期售卖商品还是长期售卖商品?另外,还需要利用各类数据分析工具了解相近商品的市场销售现状及其影响因素来做参考。二是选品员打分的准确性。专家打分本身也是一种主观的判断,之所以要利用专家小组打分,其目的也是减少主观性经验带来的判断。

最后,形成商品信息库。选品团队如果发现某一类商品特别适合在直播间进行售卖,但是这类商品由两个厂家生产的话,如果又在一场直播同时出现,某一商品的销售量可能会受影响。电商直播活动展示商品的数量是有限的,所以选品团队需要建立商品的信息库,收集相关商品信息,并根据具体电商直播主题和主播特点调整直播间的商品结构。

3.确定直播商品

选品工作不仅仅是帮直播间选择合适的商品进行售卖,还需要对直播间的商品结构进行调整。也就是说,选品团队还需要跟直播间的运营策划部门进行合作,确定电商直播主题及整场直播脚本。一旦确定电商直播主题后,选品团队就要确定直播间商品的价格、设计单品直播脚本,并按照整场直播脚本的流程安排合理的商品展示结构及出场顺序。同时,还要根据以往数据和生产企业的协商内容,合理安排直播间商品的售卖数量。

(三)电商直播的选品的方向

1.与电商平台合作

虽然很多生产企业将电商直播作为其销售渠道之一,但是大部分直播间运营团队并不是生产企业,还是需要选品团队为直播间选择合适的商品。当直播间的知名度及影响力尚未达到直接与生产企业/供应商合作的水平时,与电商平台合作成为一个不错的选择。在选择与电商平台合作时,选品团队需要考虑三方面因素。

首先,要做商品分析。商品分析是指选品团队需要分析商品本身的属性是否是直播间粉丝的刚需,是否能激起购买欲望。同时,也要考虑商品在市场上的历史热度和预估的市场容量。例如,在夏天可以选择售卖扇子、雨伞等季节性商品。选品团队还需要从账号的内部数据和外部数据出发,通过数据分析模型来评估商品的供应情况和是否能满足营销需求。此外,商品价格、利润、运营成本、设计包装、易用性以及质量风险评估等因素也需要纳入考虑范围。

其次,要做竞品分析。竞品分析需要通过收集竞品数据来进行。这些数据可以来源于阿里指数、百度指数、热销榜以及第三方工具等。通过对竞品数据的分析,选品团队可以了解市场竞争状况,包括商品类目的营销数据和热度等。竞品分析不仅涉及直播间销售商品的直接竞品,还包括考虑商品生产企业的竞争对手及竞争直播间。通过深入了解竞品的优势,选品团队可以寻找到差异点以及目标客户群体的痛点,并据此制定相关的营销话术和计划。

最后,要分析商品传播渠道。选品团队需要研究商品是如何触达客户的,是通过全渠道沟通还是特定场景下的侧面触达。在选择传播渠道时,团队需要注意避免禁区或选用无法触达用户的渠道,以确保直播间的销售效果。优秀的选品团队能够预估某一商品想要获得更好的营销效果应该通过哪种渠道进行传播,并评估每种渠道的成本、转化率、效率和性价比等因素。根据预估报告,团队可以制定相应的营销策略并反馈给运营团队,通过内容运营、用户运营和活动运营等方式获得最佳的营销效果。例如,当直播间定位为农产品销售时,还需要额外考虑冷链运输等问题。

2.与生产企业或供应商合作

当直播间和主播获得知名度和影响力后,为了获取更高的收益,需要逐渐摆脱对电商平台的依赖,直接选择与生产企业或供应商合作。选品团队在对生产企业或供应商进行初步调查之后,再经过资质审核、实地考察和比较分析,选择合适的合作伙伴。

选品团队对生产企业或供应商的初步调查内容相对简单,主要包括通过多种渠道了解其所生产商品的品种、规格、质量、供应链水平以及所在地等。如果发现某家生产企业或供应商符合直播间的选品要求,选品团队可以对其进行进一步调查,包括审核生产资质和进行实地考察等。

根据直播主题和流程,选品团队可以将直播间的商品分为福利款、印象款、爆款、利润款和引流款。每款商品在直播间中都扮演着不同的角色,发挥着不同的作用。例如,印象款是用来维护直播间在客户中形象的商品,必须质量过硬、具有独特性,能够给客户留下深刻印象。因此,对印象款商品的生产企业或供应商进行深入调查时,应重点关注其生产能力、技术水平、品牌渗透率等方面。而引流款则是为了吸引流量的商品,这类商品的利润较低,需要考察生产企业或供应商提供的商品性价比。

总之,进入直播间销售的商品必须具备一定的优势,如高价值、高品牌知名度、高性价比、先进技术或稀缺性等。选品团队需要对所有进入直播间的商品的生产企业或供应商进行深入研究和考核,选择最优合作伙伴。考核内容包括企业在同行业中的实力、商品供应能力、供应链完善程度、物流体系完整性、信息溯源体系以及企业管理水平等多个方面。

特别是当一种商品首次在直播间售卖时,为了维护直播间的口碑和名誉,选品团队应当对生产企业或供应商进行全面的严格考察。在有条件的情况下,可以多次进行实地考察以确保商品质量。选品团队可以要求生产企业或供应商提供商品生产溯源信息,并熟悉商品的等级和售后服务。必要时,还可以派遣专人到生产企业或供应商处了解商品的实际生产过程。

此外,选品团队还应建立生产企业或供应商的信息库,对其进行分类并制定相关考核标准。定期对生产企业或供应商进行考核评估,筛选符合标准的合作伙伴。在比较不同生产企业或供应商时,需要关注商品质量保障程度、供应链水平、物流信息系统完善度等方面的指标,并形成相关数据。这些数据可以作为选品团队与生产企业或供应商进行磋商的依据。

3.与生产企业/供应商合作共同孵化商品

当直播间的粉丝群体达到一定量级,用户群体规模足够大时,主播及直播间也可以考虑与生产企业或供应商合作,共同设计和生产专属于直播间的特供商品,实现直播间与生产企业或供应商的共同发展。这种合作方式可以称为商品孵化。目前比较成功的案例就是某顶流教育品牌直播间会选择一些生产企业或供应商合作生产带有他们自营标识的商品,在直播间进行销售,效果也是不错的。

国产美妆品牌就是选择跟淘宝头部主播合作,共同设计相关的商品。2020年,该国产美妆品牌有相当部分的流量来自这位头部主播的直播间和抖音号。甚至有传言说,仅2020年"双11"期间,这位主播直播间贡献的订单成交量甚至占该国产美妆品牌总订单成交量的60%以上。这意味着,在互联网营销环境下,社交平台直播带货的兴起使得企业开始重视"人"在营销中的引领力。一个自带流量的网红在自己粉丝群中的影响力是很难估计的。

抖音、快手等社交平台与京东、天猫等电商平台最大的不同点就是,抖音、快手等社交平台可以剪辑形成一些短视频,在平台上进行宣传。短视频平台能够将一些商品的信息进行最大化的曝光,能够在短短几十秒的时间内迅速拉近粉丝跟主播之间的距离。生产企业在电商平台的直播活动往往只是对商品的展示,主播跟客户之间的关系仅仅是交易双方的关系,似乎有一定目的性。生产企业选择跟拥有流量的直播间或者主播进行合作,可以利用直播间强大的人流量实现商品曝光和销售量的增长。同时,直播间或者主播跟生产企业合作,可以及时将直播间粉丝的需求反馈给生产企业,生产企业根据订单安排生产,甚至可以实现零库存,最大化地降低生产成本,使生产企业获得利润最大化。而直播间运营团队选择跟生产企业进行合作,共同设计或者共创新的品牌商品,在一定程度上也可以吸引生产企业原本的客户形成流量,也可以在商品的生产、设计、物流运输等方面拥有话语权,以避免在直播过程中或商品运输到客户手里过程中出现翻车现象。

(四)直播间选品的原则

1.选择直播间目标客户群体愿意花钱的商品

选品团队在确定直播营销活动主题后,需要对直播间的观众及目标、潜在客户群体进行分析,确定目标群体的消费需求,合理地选择商品,并对其进行结构配置。例如,在直播营销活动中,"银发一族"也可以是直播间的目标消费群体。"银发一族"指的是头发已经发白的消费群体,大多数情况下是已经退休的老年人。

与普通工薪阶层相比,"银发一族"拥有大量的时间,可以随时进入直播间观看直播活动。同时,"银发一族"中的大多数并不属于经济困难的群体。他们一方面有退休工资,另一方面子女已经参加工作并能够赡养他们。这样一来,"银发一族"的生活环境相对宽松。然而,由于他们在年轻时经历过艰苦,因此养成了节俭的生活作风。针对这个消费群体的消费需求,大多数时候是追求商品的性价比高,而不会过多地考虑包装的美观性,主要追求商品的实用性。

针对这部分消费群体,选品团队在选择商品和进行商品结构配置时,商品定价是一个绝对的营销卖点。但这并不意味着"银发一族"不会在直播间购买商品或只能购买价格低廉的商品。虽然"银发一族"对自己节俭,不舍得花钱,但对他们的孙子孙女却能够做到有求必应,购买零食、玩具等更是没有节制,消费能力与年轻人相比甚至更强。一旦直播间出现适合孩子的新鲜商品,即使对孩子只有一丝好处,"银发一族"也愿意倾囊购买。

因此,选品团队在选择商品时,需要对直播间的观众进行相关的画像分析,充分了解目标客户和潜在客户群体的消费需求、消费习惯、消费理由及消费喜好,要明确客户群体更愿意为哪种商品买单。电商直播主题一旦确定后,选品团队在最终确定进入直播间的商品时,必须考虑商品的目标和潜在客户群体在哪里,以及直播间的粉丝与商品的目标和潜在客户群体之间是否有重叠的部分。当商品的目标和潜在客户群体与直播间账号的粉丝群体相重合时,商品的销售额就能得到保障。同时,也需要考虑到粉丝群体的消费水平和对商品需求的紧迫程度。

例如,如果一个直播间的粉丝都是女性消费群体,同样都是售卖化妆品,刚参加工作的女性跟家庭主妇的关注点是不一样的,两者的消费理念也不同。刚参加工作的女性有了自己可支配的收入,一般不会压抑购买欲望,属于冲动型购买者。针对这部分粉丝群体,选品团队需要选择美妆、服装、珠宝、鲜花萌宠等品类的商品。而家庭主妇则更倾向于理性消费,购买商品时会考虑性能、性价比、质量等因素,一般不会出现冲动消费的行为。针对家庭主妇这部分粉丝群体,选品团队会选择家居、食品、生鲜、母婴亲子等品类的商品。

选品团队在选择商品时,需要考虑商品是给谁使用的,哪个消费群体更愿意选择到直播间购买商品,并且愿意为哪种商品花钱。当直播间的客户愿意为直播间的商品买单时,说明选品是成功的。同时,选品团队还需要了解目标消费群体对商品的需求程度。

2.商品营销点能够满足目标客户群体的消费迫切性

选品团队在选品时,必须深入考虑商品是否符合直播间目标客户群体的购买意愿,以及他们对商品需求的迫切性。尽管"银发一族"可能为了家里的年轻一代慷慨解囊,但对于自身的消费,他们往往节俭至极,不轻易花钱。因此,选品团队需要精准判断直播间所售商品的营销点,以确保能触动直播间粉丝群体的消费欲望。以羽绒服为例,尽管它是秋冬季节的必备品,但在春夏时节,其销售量往往会大幅下降。

在电商直播的环境中,消费者在购买商品时,不仅看重商品本身的价值,还对商品的附加值有所期待。有时,他们甚至会因为对直播间或主播的特殊情感而做出购买决策。这些能激发消费者购买欲望的因素,我们称之为商品的营销点,也可以理解为消费者的痛点和痒点。商品的营销点是否能满足目标客户群体的消费迫切性,往往成为直播间在激烈竞争中脱颖而出的关键。例如,在情人节期间,鲜花、巧克力、化妆品等商品的销售量会激增,因为很多年轻人愿意为这些能表达爱意的商品买单。然而,在清明节这样的场合,几乎没有人会选择购买礼物送给伴侣。

商品的营销点并不仅限于商品本身的功能和性能,商品的外观、品牌效应、产地等因素也都可能成为吸引消费者的亮点。根据直播间目标客户需求的迫切性程度,我们可以将商品的营销点分为三类:迫切需要型、一般需要型和可有可无型。

迫切需要型商品是指那些目标客户群体急需购买的商品。这类商品的营销点往往与消费者的迫切需求紧密相连。例如,在下雨天,雨伞和雨衣的避雨功能就成为消费者的迫切需求,也是这类商品的营销点。然而,需要注意的是,迫切需求型和一般需要型之间的界限并不总是清晰的。以睫毛膏为例,对于某些女性来说,它能让睫毛看起来更长更浓密的功能是她们迫切需要的,因此成为其营销点。但对于另一部分女性来说,睫毛的长度和浓密度并不是她们关注的重点,因此她们对睫毛膏的需求并不强烈。

一般需要型商品是指那些在消费者日常生活中经常使用,但使用频率和周期相对固定的商品。比如牙膏、牙刷、洗发水、护发素等日常用品就属于这一类。消费者需要定期购买这些商品,但通常不会在短时间内频繁购买。

可有可无型的商品则是指那些对于消费者来说并不是必需品,只在某些特定情境下可能需要的商品。运动型功能性饮料就是一个典型的例子。在日常生活中,消费者可能不会经常购买这类饮料,但在剧烈运动后,为了快速补充能量,他们可能会选择购买。然而,在日常选择饮料时,功能性饮料通常并不是消费者的首选。

选品团队在为直播间选品时,应优先考虑目标客户群体的迫切需求型商品。同时,在设置直播间商品结构时,他们还需要通过数据分析来合理配置不同商品的库存数量,以保持直播间的抢购氛围。这不仅可以刺激消费者的购买欲望,还有助于提升直播间的销售额。然而,这并不意味着选品团队只能选择迫切需求的商品。对于一般需求型的商品,只要选品得当,同样可以吸引消费者的关注并促成交易。毕竟,对于不同的消费者群体来说,他们的一般需求可能正是其他人的迫切需求。因此,选品团队在做出选择时,需要充分考虑消费者的需求和市场需求,并提前进行市场调研,以确保选品的准确性和有效性。

此外,即使在特定环境下,可有可无的商品的销售量有时也可能表现出色,但选品团队在选择这类商品时必须谨慎行事,避免过于偏执或盲目跟风。否则,一旦选品不当,就可能导致直播间出现大量滞销商品,不仅影响直播间的销售业绩,还可能损害直播间的声誉和消费者信任。因此,在选品过程中,选品团队需要保持清醒的头脑和敏锐的洞察力,以确保所选商品能够真正满足消费者的需求和期望。

3.分析商品的心理属性与利益属性

商品不仅具有物质层面的价值,更蕴含着深层的心理与利益属性。这两种属性在客户做出消费决策时起着至关重要的作用。从心理学的角度,商品可以大致划分为三类:感性商品、理性商品及中性商品。

感性商品往往与客户的瞬时情感和冲动购买紧密相连。对于小食品、饮料及一些低价值商品,客户往往不会进行过多的深思熟虑,而是基于当下的喜好和感觉做出购买决策。这类商品的购买过程简单直接,不需要过多的心理建设。客户在购买后通常不会过分关注,更多的是享受那一刹那的满足和快乐。

与感性商品相对,理性商品的购买决策则显得更为慎重和复杂。电子数码产品、家用电器、汽车等高价值商品,往往需要客户经过深思熟虑、多方面比较考量后才会下定决心购买。这类商品的购买决策不仅涉及金钱的投入,更关乎客户的长期需求和使用体验。

中性商品则具有一定的特殊功能性,如药妆、保健品等。它们在满足客户的特定需求时,既不像感性商品那样完全基于情感冲动,也不像理性商品那样需要长时间的深思熟虑。

在电商直播的选品过程中,团队不仅需要对生产企业或供应商的实力进行严格的考核,还需要对商品进行深入的分析,了解其所处的行业阶段和竞争情况。对于感性商品,选品团队应注重优惠力度和性价比,以吸引和满足客户的冲动购买欲望。而对于理性商品,团队则需要重点关注商品的性能、外观及其与同类商品的对比优势,以帮助客户做出明智的购买决策。中性商品的选品则更注重商品的品牌、使用价值和使用周期。

此外,商品的利益属性也是电商直播中不可忽视的重要因素。长线商品能够持续为直播间带来稳定的利润,而短线商品则更适合在短时间内快速积累资本和吸引流量。农产品等受原材料和节气影响的商品,具有很强的时令性,其销售时间有限。因此,在直播间运营初期,选品团队可以倾向于选择一些短线的感性商品,以快速积累原始资本和增加直播间的曝光度。随着直播间运营团队规模的扩大和经验的积累,团队可以考虑引入更多长线的理性商品,以实现更为稳健和持久的发展。同时,尽量避免选择那些市场需求不稳定或竞争过于激烈的中性商品。

4.分析商品所处的行业阶段

选品团队在挑选商品时,必须深思熟虑商品所处的行业发展阶段,并根据这一阶段的特点来合理调整商品定价和结构配置。一般来说,商品的市场发展会经历几个明显的时期:混沌期、启蒙期、跟风期、混战期、稳定期和衰退期。

在混沌期,商品初入市场,行业认知、市场推广、市场认可度以及竞争状态都处于一种无序状态,尚未形成明确的行业规则。此时的市场是卖方市场,客户需求强烈,但市场供给远远不能满足这些需求。因此,这一阶段的商品在包装、通路、价格、广告和品牌等方面都与以往商品截然不同,缺乏可借鉴的经验。生产企业和直播间需要摸着石头过河,探索前行。如果选品团队能敏锐地发现处于混沌期的商品,他们就有机会与生产企业合作,启动商品孵化计划,从而实现直播间与生产企业的共赢。

进入启蒙期,一些具有超前品牌意识的生产企业开始意识到商品的开发潜力,并预测商品在未来将有较大的需求空间。他们开始整合资源,设计并生产商品。由于此时的竞争对手相对较弱,这些领先的生产企业可以通过系统化的营销和推广活动迅速占领市场,与竞争对手拉开差距,抢占大量的市场份额。判断商品是否处于混沌期或启蒙期的关键点是观察市场中客户对商品的需求是否远大于生产企业的供给能力,以及是否有知名品牌的生产企业开始进入市场并抢占份额。在启蒙期,选品团队与生产企业的合作需要双方互相选择,都需要谨慎行事。

随着启蒙者抢占大部分市场份额,越来越多的竞争对手开始跟风进入市场,并有意识地强化自身竞争力,进行有计划、有步骤的系统推广。这就标志着商品进入了跟风期。然而,跟风者的增多也导致了行业竞争的日益激烈。为了抢占市场份额,竞争逐渐失控,甚至出现了不计生产成本的情况。这就意味着商品进入了混战期。在这个阶段,选品团队在选择合作生产企业时必须对其资质和商品供应等方面进行严格的审核,并尽力争取到最低价格。同时,在直播间的商品陈列、结构配置和定价方面也需要综合考虑多方面因素,以确保商品质量不受低价影响。

经历混战期的价格战后,大批实力不足或运作不当的生产企业将被淘汰出局,剩下的几个行业领导者将瓜分市场,进入稳定期。此时行业进入壁垒较高,商品生产企业主要为几个固定品牌企业。市场需求和供给基本保持稳定甚至出现供大于求的情况。客户逐渐形成消费习惯和喜好而商品在价格、质量、包装及营销手段上呈现一定程度的相似性。对于处于稳定期的商品选品团队需要尽力寻找差异点作为营销亮点以吸引消费者注意。

大多数商品都会经历这些阶段最终进入稳定期或者由于性能、功能无法满足客户需求而逐渐走向衰退期。对于处于衰退期的商品选品团队应避免选择因为它们注定会成为滞留品难以销售出去。

直播间成功与否与选品团队对商品发展介入时机密切相关。在混沌期和启蒙期由于竞争较弱如果能与合适生产企业合作直播间就有机会迅速扩张知名度和影响力甚至成为某一垂直领域带货领头羊。然而当商品进入稳定期再与生产企业合作时就会失去先机处于被动地位。因此选品团队在进行选品时必须对商品进行深入分析关注其所处行业及发展阶段并根据不同阶段特点制定相应策略以确保直播间能够获得成功。在混沌期和启蒙期要选对合作企业甚至可以联合企业做商品孵化;当进入跟风期后应选择资质较好、品牌资源优越的大企业进行合作以确保在混战期中能够存活下来;对于处于稳定期或衰退期的商品则需要更加谨慎地考虑是否介入以及如何介入才能确保销售结果良好。

5.商品的定价是客户的心理定价

在电商直播中,商品的价格可比性体现在某一商品上:当客户进入直播间观看直播时,他们心里已经对这个商品有了相应的定价,并认可这个价格。换言之,商品的价格的可比性其实就是客户的心理定价。如果直播间的定价过高,哪怕客户再喜欢主播,再对直播间有特殊的情感依赖,他们对商品也会不买账的。如果直播间商品的价格定得过低,部分直播观众则会对商品的质量产生怀疑,从而不购买商品。因此,选品团队对直播间的商品定价一定要合理,一定要被直播间的观众、客户所认可。如果直播间的商品定价想要高一点,选品团队一定要通过商品信息收集、比对,找到能让客户愿意为这个价格买单的卖点。

在电商直播中,选品团队可以与其他部门合作,通过管理直播间的互动关系,逐步掌握粉丝群体对直播间商品的心理价格预期。借助定价技巧、互动技巧及营销话术,让直播间的客户接受商品价格在一定范围内的波动。这样,选品团队就可以根据电商直播的主题来对直播间的商品进行定价,并合理运用营销话术,将客户的消费决策动机从追求商品的实用性转向追求商品包装、商品概念、商品形式及商品的品牌理念,从而实现价格调整且不会令客户反感,并且让客户愿意为其买单。比如矿泉水,普通大众一开始对其的心理价位并不高,各个品牌的矿泉水价格变动也不大。如果贸然提高价格,直播间的客户肯定是不能接受的。但是,一旦给矿泉水增加附加值,比如请明星代言,客户就能接受矿泉水价格上涨的事实。

在国家的政策和电商直播平台的政策扶持下,很多直播间开始了农产品带货。但是,农产品的价格定位成了选品团队头疼的问题。出现在直播间的商品,跟普通农贸市场、超市的价格相比,应该是高还是低呢?如果直播间的价格跟市场价格相差无几,直播间的客户肯定是能够接受的。但是,由于直播间售卖的农产品涉及物流方面的成本,那么生产农产品的农户和企业的利润空间会被压缩。而如果直播间的农产品价格定价较高,那么直播间就必须让客户明白,直播间农产品价格为何那么高,农产品的附加价值在哪里。没有附加值的支撑,价格又比实体店高的话,直播间的客户肯定是不会去购买的。毕竟,在客户的心目中,农产品形态固定、原料固定、口味固定,价格可比性就特别强。农产品就应该是那个价,价格稍高都可能被认为是不合理的。

2022年某头部教育品牌助农直播间的农产品定价策略,值得其他直播间选品团队借鉴。例如,该直播间自营的大米,其定价高于普通大米的价格,但直播间的客户还是愿意为其买单,甚至有人多次购买。虽然该直播间的大米品质确实不错,但客户能够接受其价格,并不仅仅是因为大米本身的优质。更主要的原因是,该直播间的主播在直播过程中为大米这个农产品附加了更多的商品概念,改变了其价格的可比性。很多人对该直播间大米定价过高的问题产生过疑问,而直播间主播给出的答案是"谷贱伤农"。但实际上,该直播间在售卖农产品时,更注重为商品增加附加值。比如,主播在介绍大米时的语录:"我没带你去看过长白山皑皑的白雪,没带你感受过十月田间吹过的微风,没带你去看过沉甸甸的、弯下腰犹如智者一般的谷穗。但是亲爱的,我可以让你品尝这样的大米。浪漫不止星空花海,还有烟火人间。""你后来吃过很多菜,但是那些菜都没有味道了,因为每次吃菜的时候,你都得回答问题,得迎来送去,得敬酒,得谨小慎微,你吃得不自由。你后来发现回到家里,就是这样的西红柿炒鸡蛋、麻婆豆腐,甚至土豆丝,真香,越吃越舒服。"这些话语并不是在跟客户解释商品价格高的原因是品质高,而是巧妙地利用营销话术和情怀,为大米增加了故事感。用诗一般的语言让客户感受春种、夏管、秋收、冬藏的辛苦,同时用感同身受的语言消除与客户之间的隔阂,迅速建立信任基础。

因此,选品团队在对直播间的商品进行定价时,除了考虑商品本身的实用价值外,还应注重增强商品的附加价值。比如,通过增加商品的故事性、人文情怀等附加价值来吸引客户。但是,高价商品必须建立在高品质的基础上,这一点一定要合理选择。

(五)直播间商品的选择标准

选品团队在进行直播间商品选择时,一般要选择具有商品标准规范、生产企业各种证照齐全,同时无负面新闻的商品。这样的商品在电商直播前的营销推广时会有正面的推广空间。同时,选品团队在选择市场上存在同类商品或可替代商品时,必须进行市场调研和竞品分析,寻找能够经受市场考验,并能激发直播间客户强大消费购买潜力的商品。

选品团队为直播间选择商品时,应尽可能选择客户对该类商品有一定认知度,但知识结构较为模糊、缺乏全面了解的商品。对于在网络或传统媒体上宣传较少或宣传效果不够理想的商品,选品团队可以将其作为重点推广合作项目。选品团队应避免选择市场上过于追求个性化、奇特性的商品,即要选择大众都能接受的商品。

对于地域性要求强(物流无法到达的)、潜在客户层面太小(如奢侈品)、短期内宣传效果难以体现在实际销售中的商品(如大型机械设备等),原则上,选品团队也不应该选择。

最后,选品团队应通过商品信息数据库的管理,在一个推广周期内,尤其是一场直播过程中,尽可能不选择不同品牌的同一类商品。

(六)直播间选品的技巧

1.选择满足直播间观众特性的商品

选品团队在选品之前需要研究直播间观众的心理和特征,进行用户画像。用户画像的概念最早由阿兰·库珀提出,他认为用户画像是真实用户的虚拟代表,是建立在一系列真实数据之上的目标用户模型。将目标用户多方面的信息收集并拼接组合在一起,就形成了用户画像。用户画像一般由性别、年龄、地域、兴趣、购物偏好、消费承受力等组成。选品团队在选品时要判断商品是否符合用户画像所描述的需求。

毕竟不同的客户群体对商品类型和需求的侧重点不同。例如,直播间客户的年龄和收入水平会在一定程度上影响直播间商品的定价和商品组合。以蜗牛家为例,其粉丝中绝大部分是90后。选品团队根据运营团队与粉丝的交流和互动后得出的结论,对直播间的粉丝进行画像。90后的年轻人在选择购物时往往追求猎奇和独特性,喜欢个性张扬的商品。因此,选品团队在选择进入直播间的商品时,应倾向于创意和各类特色主题商品。这样,直播间提供的商品能够精准地触达粉丝的消费需求点,提高订单成交量,同时提升内容电商直播的运营效率。这不仅实现了粉丝向客户的转化,还在一定程度上提高了用户黏性,增强了客户的忠诚度,复购率也会随之提高。

同样地,某顶流教育行业直播间自 2022 年 6 月开始能够在抖音平台维持很长时间的热度,主要是因为直播间的主播在一定程度上抓住了中年人的心理需求。这个直播间的观众以中年人为主,他们不喜欢闹腾,反而有一些特殊的情怀。主播在直播过程中安静地用话语勾起粉丝的回忆,提高与粉丝之间的信任基础,让粉丝觉得自己得到了理解。粉丝愿意为自己内心的那份感动付费并选择消费。

2.选择与内容调性相匹配的商品

关于调性,音乐词典里的解释是:"对不同的调从心理的角度所赋予的不同特性,如大调的明朗和小调的柔和。"直播间账号的调性则是指直播间通过一系列的运营活动将所有要素呈现给粉丝,让粉丝能够感知到直播间的形象。在直播间账号的运营过程中需要融入情感,创作出有调性的内容,让粉丝对账号所呈现的内容产生好奇和好感。通过不断的电商直播主题活动以及选品团队提供的合适商品,让粉丝对直播间产生情感依赖感和信任感。甚至会出现粉丝对主播个人产生莫名的好感,只愿意购买这个主播推荐的商品。

3.选择"三高一低"的商品

电商直播模式下,销售商品的价格往往由受众的消费能力决定,并不一定是越高越好。毕竟,根据相关的数据分析,有时间去观看直播的受众大部分是生活在三四线城市的小镇青年或者是退休在家的"银发一族"。无论是小镇青年还是"银发一族",他们的生活压力相对较小,时间比较充裕,但相应的经济收入水平也不会太高。例如,某位短视频创作者的直播间选品的客单价不太高,那是因为她的大部分粉丝都是草根族,消费能力有限。

电商直播的用户黏性比实体店的用户强,因此选品也需要考虑复购率。同时,在传统电商中比较难做的、变化较快的商品(如时尚女装等),在抖音、快手等直播平台上反而能获得不错的销售量。那是因为这一类商品变化较快,在传统的商业模式下势必会有一定的库存和成本,但是电商直播不同。直播平台的热点每天都在不停地变现,给用户呈现的内容也日新月异。

在电商直播模式下,选择高毛利率、高相关性、高内容性和低曝光度的"三高一低"商品,可以使直播账号在众多的竞争者中脱颖而出,获得不俗的收益。高毛利率比较容易理解,就是选择能够带来较大收益的商品。毕竟,电商直播大部分也需要盈利来维持整个运营团队的正常工作。而高相关性则是指选择与直播账号人设相关的商品。比如,如果直播人设打造的是青年男女形象,那么个性化零食、衣服、化妆品都是具有相关性的商品,但老年保健品的关联性就不强。高内容性是指在直播活动开始之前,运营团队需要通过相关的短视频、微信公众号、社群运营等方式对直播活动进行宣传,且宣传内容需要具有原创性和个性。低曝光率的商品是指那些品牌尚未被大家所熟知,或者说品牌与商品本身并不等同的商品。试想,如果一个商品的曝光率足够高,大家都已经熟知并认可它,那么客户就不太可能选择在直播间里购买它。因为这类商品的利润率往往极低,价格透明,客户购买的途径也足够多。同时,客户对商品的性能已经非常熟悉,直播活动的效果可能就不会太好。

4.尽可能选择具有柔性供应链的商品

选品团队在进行选品时,需要考虑商品是否拥有柔性供应链。柔性供应链指生产企业可以根据用户的需求情况来调整商品的供应情况,即使出现微差,生产企业也能及时地进行调整。在电商直播销售中,如果商品能够实现柔性供应,就能够实现生产企业、直播团队及客户的多方共赢。柔性供应要求生产企业做到小批量、多品种和快翻单供货。一旦直播间售卖情况良好,生产企业就能够及时满足客户需求。因为直播间运营团队选对了商品,主播的个人魅力能够激发客户的需求,社群运营的过程中又能及时建立客户关系管理,吸引大量粉丝进入直播间购买商品。为了满足客户的消费需求,直播间团队必须准备充足的商品或者跟生产企业合作以便能够及时补充货源。与此同时,直播间团队也不需要盲目囤积大量货物。否则,如果直播间的客户消费需求降低,会给直播间造成巨大的资金压力。直播间选品团队需要确保直播间的商品能够做到柔性供应。这就要求所选择的拥有柔性供应链的商品都是经过精准化设计、精益化生产的。生产企业需要具备弹性产能的预备、强有力的计划中心、可视化的生产线、单件流的生产车间模式以及批量物流处理能力等特点。

(七) 选品的禁忌

1.选择电商平台上的低价爆款

主播及其运营团队费尽心思创作高质量内容(如短视频、微信公众号等新媒体),一方面是为了推广商品,另一方面是为了长期与客户建立情感连接,建立消费信任机制。直播间的运营实质是满足客户在商品上的无形价值胜过实际使用价值,特别是要满足直播间的粉丝群体的内心需求。选品团队在进行选品时,价格固然是一个重要的参考因素,但不是最重要的因素。如果选品团队选择一款低价爆款商品,在直播活动中一旦定价过高,直播间的客户进行联合评估后,可能会因为性价比而选择放弃购买。因为商品如果是爆款,曝光率肯定高,价格相对透明,客户对商品的定价有一个相对清晰的认知,有心理价位,一旦高于心理价位,客户就不愿意接受。如果选品团队将商品定低价,虽然短时间内能够获得的订单数量不会少,但是直播间运营团队的获得利润会被压缩,甚至无法盈利。如果选品团队选择一味给生产企业压低价格,后期跟生产企业进行业务洽谈会造成困难,无法实现运营团队的可持续发展。同时,直播间有过多的爆款商品,没有体现差异性,这样会模糊内容受众群体的定位,削弱客户黏性,使直播间没有办法成为客户的第一选择,客户可以随时从直播间流失。

2.选择品牌和商品已经画了等号的新品

品牌和商品已经画了等号的新品,意味着这个商品有着高曝光率,在商品还没有面世的时候,已经被品牌拥护者了解了相关的商品属性,包括价格也是透明的。这就跟不能选择低价爆款的商品一样,主播及其运营团队无法正确地把握直播间的价格,过高或过低都不合适。目前直播带货/卖货市场火爆,但是毕竟是新兴事物,市场监管机制不完善,所以很多客户在直播间购买商品时很谨慎。品牌和商品画了等号的商品价格也不会太低,即使品牌再响亮,直播活动中观众的购买欲望也不会高,到最后销售量不会太好,也会影响主播及其运营团队的团队变现能力,同时也会降低跟消费的信任机制,无法实现直播间的可持续发展。

3.选择有硬伤的商品

电商直播过程中,直播间运营团队肯定少不了短视频、软文、音频的内容输出,以吸引客户进入直播间进行消费。有原创能力的运营团队十分稀少,很多团队都是借鉴或者直接跟风追热点,这就造成拥有同样的行业或相似内容的创作者很多。但是,如果商品的质量有硬伤,会白白浪费运营团队辛苦的成果,也会造成人设崩塌,粉丝量断崖式下降。因此,有硬伤的商品一定不能选择。

各个主播及其运营团队的选品思路和方法可能完全不同。千人千面,不能说谁对谁错,因为运营团队的经历、视野和资源各不相同。同样一种商品,可能有的看到了机会,有的则看到了局限。但有一点可以肯定,那就是选定商品的销售表现数据都是真实的、客观的。毫无疑问,查看数据后,很多人都会对原有商品进行调整,有些人甚至会推翻原品重新选择。无论如何,数据是指导专业运营团队的指南针。

第三节　直播间商品运营

一、规避样品与商品不符的方法

除了生产企业在直播平台进行直播营销外，大部分直播间运营团队是不具备商品生产和存储能力的，也没有办法保证商品的质量。同时，在直播活动中，主播向直播间观众展示的都是样品。样品在一定程度上可以展示商品的功能和性能，大部分是生产企业（供应商）提供给直播间运营团队的。而商品是指生产企业（供应商）供给市场，用于买卖的物品，在电商直播活动中是指生产企业（供应商）提供给直播间的客户，为了满足直播间客户某种需求的物品。但是，样品不等同于商品，样品是满足直播间运营团队对外展示模型和进行商品质量检测的需求的。

由于一场直播活动直播间进行售卖的商品的数量庞大，选品团队没有办法保证直播间的客户收到的商品品质跟样品一定是一样的。毕竟，在直播活动中，商品的发货、物流的选择大多数是生产企业完成的，但这并不代表选品团队不需要对客户收到的商品质量负责。选品团队反而需要通过选品策略选择口碑好、有品牌的生产企业进行合作。特别是直播间运营团队和生产企业合作，通过直播活动对商品进行预售，收集客户需求的数量后，生产企业再根据具体需求来安排生产和物流。在这种情况下，商品用来满足客户的消费需求，那么生产企业在加工过程中需要满足既定的目标，即通过完整的加工流程才能产出"商品"；而样品是可以在大批量生产前，根据商品设计而先行由生产者制作、加工而成，并将生产出的样品标准作为买卖交易中商品的交付标准。因此，选品团队需要比对样品与商品，生成相关的数据记录，保证客户权利和直播间的名誉、口碑。

毕竟，一旦直播平台收到客户反映收到的商品跟直播间展示的样品不符的情况,直播平台轻则要求直播运营团队下架商品链接、直播切片、短视频内容,重则封号,更严重的是,直播间还可能因为虚假宣传而承担法律责任。因此,选品团队必须规范选品管理和品质的把控。为了规避样品和商品出现不符的情况,选品团队必须做好对生产企业和供应商的资质审核工作,以及对商品质检和商品样品的审核工作。同时,还需要加强跟第三方检测机构的合作,在直播销售的售前、售中、售后的过程中,有选择性地对企业提供的样品和商品进行检测。

(一)对生产企业(供应商)资质的审核

1.基本资质审核

选品团队在确定商品可以在直播间进行销售时,需要对生产企业(供应商)的基本资质进行审核。具体的审核工作包括但不限于以下内容:选品团队应当对生产企业(供应商)提供的与资质有关的证明文件进行审核,包括营业执照、知识产权申请或授权文件(如品牌授权、销售许可资料)、企业信用信息、联系人及联系方式、联系地址等其他基本信息。选品团队必须要通过多种途径核实证件的真实性。同时,如果法律法规规定需要取得行政许可的,选品团队应要求供应商提供相关证明文件(如食品经营许可证、食品生产许可证、有机商品认证证书等),并核实其真实性。最后,选品团队对生产企业(供应商)所提供的证明文件进行核验,在确定真实性后,应留存复印件或者传真件等书面记录以备查。

2.品控管理能力审核

由于选品团队无法实时检测生产企业(供应商)的生产过程和商品配送过程,因此需要对生产企业(供应商)的品控管理能力进行审核。选品团队可以根据生产企业(供应商)的具体情况,采取资料书面审核、视频审核或现场实地审核等方式进行,并根据商品特性确定审核内容。选品团队需要不定期审核商品的生产环境条件、设施及设备状况、从业人员情况、原辅料质量、包装及标识规范性、仓储运输环节、质量管理水平、知识产权状况等内容。同时,选品团队还应与生产企业(供应商)共同建立商品溯源信息体系,方便客户及时了解商品的相关信息。

3.生产企业(供应商)供应链的审核

选品团队在确定直播主题和商品后,需要与生产企业(供应商)核实库存量或生产能力是否充足,并确认能否在约定时间内按约定的物流方式发货。同时,还需要对商品的售后情况、服务承诺、投诉处理与改进情况进行核实,以避免出现直播约定时间无法发货的违约情况。对于审核不合格的生产企业(供应商),选品团队需要及时报告领导,采取暂停合作或要求整改重审等措施。对于审核合格的生产企业(供应商),选品团队在与其确定合作时,应将这些要求明确落实在双方合作协议条款中,以保障直播间和客户的合法权益。

(二)对商品的资质和商品的样品进行审核

选品团队与生产企业共同建立商品溯源体系,并应要求生产企业(供应商)提供与商品资质有关的证明文件,并留存复印件/照片/传真件等相关文件备查。

选品团队与供应商合作时,应要求供应商提供商品生产经营资质以及有关证明文件,如商品生产经营资质证件、商品备案情况、质量合格证明、检测报告、入境检验检疫证明、知识产权或授权情况(包括商品商标、专利证书等),并对供应商所提供的证明文件进行核验,留存相关检验记录备查。

选品团队对生产企业(供应商)提供的商品样品进行核验,并留样保存、记录。核验内容可以分为形式核验和实质核验。形式核验是指选品团队对商品/样品的外包装内容进行核验,包括商品是否依法标识中文标明的商品名称、生产厂名称和厂址、标签标识、检验合格证明等信息。实质核验是指选品团队对商品的功能、性能、功效、安全性、外观、体感、不良反应、包装安全等方面进行测评,并留存测评样品和记录备查。

对商品/样品的核验方式,大多数选品团队采用通过神秘买家或自行委托第三方专业机构进行检测的方式,以确认商品/样品符合相关标准要求。

对商品/样品的核验标准是确定商品/样品是否符合《商品质量法》《广告法》等法律法规及相关标准要求,核验商品/样品信息与生产企业(供应商)所提供的商品信息是否一致,是否存在差异。

(三)对商品的营销点/卖点进行审核

选品团队需要对生产企业(供应商)提供的商品的营销点/卖点进行着重审核,特别是优于同质商品或者可替代商品的营销点/卖点。在审核时,应当首先确定商品的营销点/卖点是否真实、完整,同时审核生产企业(供应商)宣称的商品成分卖点是否与实际成分一致,是否存在虚假、夸大等违法情形。例如,商品的营销点是原榨果汁,那么需要核实是否存在勾兑的情况。再比如,需要确保直播活动中展示的商品链接标示的价格与商品实际价值一致,避免出现商品链接与展示商品不符的情况,如展示商品 A,但提供的商品链接是价值相差很大的相似包装商品 B。此外,选品团队还需核实商品的营销点/卖点是否与生产企业(供应商)的资质、商品资质及商品信息一致,以及营销卖点是否符合法律法规和平台规则的要求。例如,化妆品生产企业(供应商)若未取得药妆准字号,就不得在商品宣传中宣称具有保健、治疗功能。

对于需要展示道具的样品,选品团队需要与生产企业(供应商)确认道具是否会影响商品的性能。主播在向直播间客户展示商品相关性能、功能时,应确保告知客户直播活动中展示样品的效果与商品实际效果一致,对商品的营销点/卖点进行展示,但不得故意夸大商品特性、进行虚假宣传,以免损害客户的知情权。例如,某些锅具只能在电磁炉上使用,若在天然气或煤气上使用可能存在危险性或无法达到宣传效果,这类信息必须明确告知客户。

(四)与第三方检测机构加强合作

尽管生产企业(供应商)会提供商品的资质或性能文件,但选品团队仍应尽量选择合适的第三方检测机构进行合作。这样一方面可以对生产企业（供应商）提供的文件进行真伪核验，另一方面也可以在直播销售的售前、售中、售后环节有选择性地开展商品第三方检测。此外，还可以与第三方检测机构合作建立"神秘抽检机制"，以确保客户实际收到的商品品质与直播间展示的样品一致，避免出现不符的情况。

二、商品营销及相关数据跟踪系统

（一）直播商品定价的依据

商品价格的高低会直接影响客户的购买决策。比如，抖音电商直播平台的定位是给客户提供"优价好物"的首选平台。那么，选择在抖音平台上进行直播带货的直播间运营团队就要做到价格优惠，选品团队需在商品结构配置和定价上与其他平台或线下渠道形成差异，以凸显直播间商品的高性价比。

1.竞品对比

选品团队通过与覆盖相同行业的竞争直播间对比，以及不同品牌的商品在性能和功能上的对比，还有商品供应商在其他渠道销售情况的对比，从而判断同一商品或者同类商品在自己直播间的价格是否更优惠，是否能凸显商品在全网的价格优势。

2.阶梯定价

选品团队可以根据商品特性和品牌价格区间，对不同商品进行阶梯定价，如 100 元以下、100—200 元、200—300 元、300 元以上的不同价格区间内，均有主推商品来满足不同消费价位需求的客户。由于直播间主播的风格不同，客户对主播带货的价格有一定的预期。比如，一些专业型的主播在直播带货时，客户能够接受直播间的商品价格稍高，而对于亲民型的主播，客户更希望在其直播间买到价格更低的商品。

3.突出性价比

选品团队要通过与线下、常规商品价格对比,来体现直播间主推款的性价比优势,吸引客户在直播间购买商品。例如,波司登羽绒服常规款价位在1500元左右,那么选品团队可以将直播间的主推款定为699—1499元价格区间的商品,通过常规款价格反衬出主推款的性价比优势。

4.其他策略

直播间也可以通过限时折扣、限量秒杀和附赠礼品等活动形式,让客户体验到在直播间购买的特有福利和价格优势,刺激客户下单。

(二)提炼商品营销点/卖点

商品营销点/卖点是商品区别于其他同类商品、与众不同的特点,可以从商品的品牌优势和商品本身的核心竞争力两个维度来进行提炼。提炼商品的营销点/卖点,可以增强客户对商品的了解欲望,进而影响客户消费决策。

1.品牌价值优势

商品的品牌价值优势是指在直播过程中,主播通过对直播间的观众讲解商品品牌历史、品牌知名度和品牌商业地位方面的信息,向直播间的观众传递商品品牌的价值观,挖掘客户心理和品牌理念相结合的痛点进行营销,让客户认同品牌的价值观,进而实现销售转化。

2.商品核心竞争力

商品核心竞争力是指在直播过程中,主播通过讲解并突出商品的差异化特点,满足直播间的观众猎奇的心理,实现观众向客户的转化。主播一般是从商品功能属性(大小规格、材料材质、性能、款式、颜色、口味等)、价格优势、服务体验优势、销量、评价、包装设计、IP联名、明星代言等方向,结合自身商品特点进行提炼商品的核心竞争力。

例如,商品价格便宜,那么商品的核心竞争力就是价格优势,将其突出展示给直播间的观众;若商品在价格上没有明显的优势,但商品设计、材料和造型方面很有特点,那就结合消费者线下使用场景、商品的舒适度、设计调性、检测证书等全方位展示商品的额外价值,利用商品本身的高价值感来打动客户下单。

(三)商品售后追踪系统

1.商品售后追踪系统的必要性

售后服务在传统市场营销活动中是指生产企业对客户在购买商品后提供的多种形式的服务的总称,其目的在于提高客户满意度和建立客户忠诚。自20世纪80年代以来,国际上普遍认为商品本身的质量是生产企业竞争的第一要素,而生产企业提供的售后服务则是战胜竞争对手的重要手段。在电商的竞争市场中,众所周知,拼多多平台的商品质量相对于京东、唯品会等电商平台并不具备优势,但拼多多的电商直播销售量却远超京东等电商平台的销售量。究其原因,除了拼多多率先从三四线城市用价格优势吸引部分客户外,最主要的是拼多多的售后服务迅速,如顺丰上门退货、极速退款等。因此,建立商品售后追踪系统至关重要。即使生产企业声称自己的商品质量再好,但没有售后服务,客户在选择购买商品时可能会产生犹豫甚至放弃购买。同样地,如果直播间不重视售后服务,粉丝和客户也会逐渐流失。

电商直播下的售后服务内容不仅包括商品运送、业务咨询、客户投诉处理、问题商品召回制、人员培训以及调换退赔等,还涉及对现有客户的关系营销和传播企业文化,例如建立客户资料库、宣传企业服务理念、加强客户接触、对客户满意度进行调查和信息反馈等。在直播间的日常经营管理中,售后服务的地位越来越重要:

首先,优质的售后服务已成为直播间塑造持续竞争力优势的核心;其次,即使是拥有持续竞争力优势的直播间也需要通过直播间互动关系管理去深层次地挖掘客户需求,以早于竞争对手征服目标和潜在客户;再次,商品售后追踪系统是直播间日常运营的重要指标之一;最后,商品售后追踪系统可以让直播间与客户保持紧密接触,及时解决客户的不满、抱怨和投诉等问题,提高直播间的客户服务水平。有了更好的售后体验,也可以间接提升直播间的营业额。

在电商直播环境下,商品售后追踪系统离不开直播间的互动关系管理。技术上可以通过互联网技术、通信技术、移动端技术等技术实现;内容上不仅包括直播间商品信息管理、生产企业/供应商信息库、售后物流信息及商品生产溯源信息等内容。在电商直播环境下,直播间的商品售后追踪系统需要实现以下几方面的功能:

首先,商品售后追踪系统必须实现远程化和信息化,方便直播间和生产企业随时查询和管理;其次,客户信息要能够随时随地上传到直播间的相应数据库中实现统一管理;最后,商品售后追踪系统要能够在网上标记和查询商品售后服务的进程使得商品的售后服务在信息化的基础上更加人性化。

随着生产技术的发展商品同质化问题日益严重。商品售后追踪系统作为直播销售的重要环节已经成为直播间与竞争对手争夺市场的重要领地。它不仅是对上一场直播活动的总结,更是下一场直播活动中对直播间专业化的展示。提升客户满意度和忠诚度即增加直播间粉丝的黏性,是树立直播间口碑和传播直播间良好形象的重要证据。商品售后追踪系统也体现了直播间对商品品质提升的追求以达到尽可能让直播间客户满意的宗旨。"更好、更快、更专业"的商品售后追踪系统展示的是直播间选品团队的专业和优秀,是直播间实力的代表。

2.商品售后追踪系统的内容

商品售后追踪系统的内容,是生产企业、直播间为了更好地满足直播间客户需求,实现双赢所需要做的工作。商品售后追踪系统在直播间的售前、售中、售后都有体现的内容。

(1)售前

生产企业(供应商)在直播开始之前需要准备的工作内容很多。首先,生产企业应提前与直播间的选品团队确定商品交付时间,现货数量,预售数量,物流方式,退换货方式等直播间商品供给方案;其次,生产企业供应商应根据直播间商品供给方案,提报的现货数量,预售数量,预售日期等评估配置相应数量的客服人员并对客服人员提前进行岗前培训;再者,及时将商品样品寄送到直播间;最后,生产企业(供应商)根据商品特性,提前准备售后保障方案,以快速解决客户提出的商品,售后,物流,购买等相关问题的咨询。

直播间在直播开始之前需要准备的工作内容也很多。首先,直播间的选品团队,确定商品和生产企业(供应商),并且与生产企业(供应商)签订相关的服务质量协议,以明确商家提供的售前、售中、售后服务;其次,选品团队要及时对生产企业(供应商)提报的售后保障方案进行评估,确保生产企业(供应商)的客服人力配置,人员服务能力;再者,选品团队尽量开通对生产企业(供应商)销售载体账户的监控权限,监控生产企业(供应商)的服务履约能力;最后,直播间要建立应急处理机制,积极解决客户投诉。

(2)售中

生产企业(供应商)必须按照相关的合作协议组织客服人员在线积极地解决客户的诉求,确保订单顺利完成。

直播间的主播在直播过程中,对样品进行展示时,应该向直播间的客户提供商品售后服务信息。主播必须准确,清晰地介绍商品交付时间,现货数量,预售数量,物流方式,退换货方式等服务方案。同时主播应积极解答客户咨询的问题,必要时对样品进行多次演示。

(3)售后投诉处理

生产企业(供应商)和直播间都需要建立投诉处理制度,明确退换货处理流程、并对相关节点和各方责任作出明确的标注。

生产企业(供应商)的直播后服务包括但不限于以下内容:

第一,生产企业(供应商)必须依法经营,履行客户权益保护、知识产权保护、网络安全与个人信息保护等方面的义务。

第二,生产企业(供应商)应根据服务方案,直播平台规则,与直播间签订的售后协议及相关法律法规,履行交易承诺,积极解决客户诉求。

第三,生产企业(供应商)应建立多种客户投诉渠道,并及时受理并解决客户诉求。

第四,生产企业(供应商)有义务对不属于自身职责内的投诉事宜告知客户实际情况并协调处理。

第五,生产企业(供应商)应处理商品促销活动的内容、服务承诺、领取方式等咨询;应处理商品支付、物流配送、退换货承诺等服务流程的咨询。

直播间的直播后服务包括但不限于以下内容:

第一,直播间应积极履行直播间的交易承诺,并督促生产企业(供应商)履行对客户的交易承诺。

第二,直播间应当建立监控生产企业(供应商)的服务能力机制,通过多渠道的用户运营多方面了解客户的诉求,积极主动推动生产企业(供应商)履行交易承诺及提升售后服务质量。

第三,直播间应建立多种客户投诉渠道,及时受理并解决客户诉求。

第四,当客户投诉无法及时处理时,应积极协调平台和商家,推动问题解决;必要时启动应急处理机制解决问题。

第九章　直播间单期直播策划

导语:

在电商直播领域,每一期的直播活动都需要经过精心的策划和准备,以确保吸引观众、提高销售效果并达到商业目标。直播间单期直播策划是指在每一次直播活动中,商家和主播需要制定计划、选择主题、确定内容、准备资源等步骤。本节将深入探讨直播间单期直播策划的重要性,提供关于如何规划和准备成功直播活动的关键见解和方法。

第一节　电商直播主题的选择

一、电商直播主题方向的选择

电商直播已经成为目前电子商务发展的主要方向,有越来越多的消费者选择在直播间观看直播并购买商品。直播间的客户对直播间内容的呈现方式、主播对商品的展示方式以及商品的质量都有新的要求。这就要求直播间运营团队在直播之前提前确定好直播活动的主题。根据主题,选品团队才能选择合适的产品在直播间进行销售,对直播间的产品进行合理的定价,并做好直播间内产品的安排与排列;策划团队才能制作合适的宣传资料,如海报、产品图片、短视频等,在直播前进行宣传和预热。直播间场控、导演等人员会提前布置直播场地,检查相关的直播设备等。

因此,在直播开始之前,一定要确定好本场直播活动的主题。毕竟,只有选对直播主题,才能有效地撩动直播间观众的情绪,形成感情共鸣,激发观众的购物激情,引导其做出消费决策。那么,在直播开始之前,直播间的运营团队需要通过关系管理了解目标客户和潜在客户的需求,同时还需要了解当前直播市场的热点和大热风向,来确定直播活动的主题。用更加鲜明的活动主题来获得目标客户和潜在客户的关注,让他们在预定的时间进入直播间观看直播。

(一)抓住热点,快、狠、准出击

5G 网络冲浪时代的到来,抖音、快手等社交平台纷纷开通电商直播功能,让电商直播的信息传播速度远超传统电商时代的速度。热点呈病毒式扩散,电商直播借助新媒体的极快的速度对商品、主播进行宣传,势必会有很多直播间的目标客户和潜在客户关注到热点。这也就是说,电商直播平台上稍纵即逝的热点是关注和流量的代名词,而流量是直播间客户转化率的来源,甚至可以影响直播间的销售额。

但是,热点扩散的速度快,消失也快。如果直播间抓不住热点或者抓晚了,直播间的观众人数也不会太多。毕竟,大众都有猎奇心理,对新鲜的事物充满好奇,会有极大的可能性产生冲动性消费。但是,大众也有审美疲劳,看多了相似的事物,也会慢慢丧失热情。目前,很多拥有千万粉丝的头部主播或者直播平台也在面临这个问题。所以说,直播间运营团队在策划直播主题的时候,必须要时刻关注直播市场的发展和变化趋势,敏锐地抓住热点,利用热点敲定直播活动主题。就比如此前《王者荣耀》《绝地求生》火热的时候,很多主播抓住这一波红利,凭借自己的直播技巧,顺势而为,成了"一哥""一姐"。

热点之所以被称作热点,最主要的原因就是热点的关注度极高,能够吸引住足够多的受众的目光,并能在短时间内有相关话题的产生。如果直播间能够借势这个热点,抢占相关的有利的时间差、信息差,就能比别的直播间率先获得这波热点带来的好处。

总而言之,直播间如果选择热点作为直播活动的主题,可以快速、轻易地获取流量。主播、商品、直播间就能通过热点大范围的扩散迅速出圈。

(二)抓不住热点,就跟住热风向

热点的传播速度快,大家都能发现。如果没有办法在第一时间抓住热点的话,直播间运营团队必须迅速判断热点的影响力及持续时间。既然没有办法及时获取热点的红利,那就跟住热点所在的热风向,在众人没有反应过来的时候快速出击。

为了跟住热风向,直播间运营团队在选择直播活动主题的时候不能偏离热点营销的方向。可以在热点的基础上加上直播间的特点,或者在直播间自身特点的基础上加入热点元素。这样就能完美融合市场,让进入直播间的观众眼前一亮,摆脱审美疲劳,对直播内容产生更多的热情。这样,直播间就能达到预期的目标。

直播间运营团队在确定直播活动选题方向的时候,一定不能放弃热点及热风向。直播间只要抓住热点带来的关注量及流量,就可能站在电商直播的前沿,获得意想不到的效果。所以,直播运营团队要时刻关注直播的大环境和趋势的走向,厚积薄发,能够抓住热点的红利。

二、直播活动主题的确定

确定了直播活动的方向紧跟市场热点后,直播活动主题的确定却不能跟热点完全一致,必须要有特色,比如要突出商品的营销点,同时还要足够接地气。

(一)根据商品的营销点确定直播活动主题

直播间在规划直播活动主题时,需要首先考虑将热点与商品的营销点相结合,重点突出商品的营销点。例如,2023 年春节期间部分城市发布了解除烟花禁放的通知,在微博、微信、抖音、快手等新媒体社交平台引起热议,形成热点。而本场直播活动的商品是礼盒时,直播间运营团队所选择的直播活动主题就可以将烟花秀作为主题,进而把春节传统习俗作为主题大方向,与商品的营销点相结合。

(二)直播主题的选择要多角度、要新鲜

直播间的运营团队在选择直播活动主题的时候,必须从多角度去思考。直播活动的主题既要鲜明,又要有特点。毕竟能够观看直播活动并在直播间购物的客户群体都会有极强的好奇心、猎奇心。电商直播与传统电商最大的区别就是,电商直播给客户带来了新鲜感和时尚感,让购物更多地满足客户的内心需求。因此,直播间在确定直播活动的主题时,一定要考虑这个主题是否可以给直播间的观众带来新鲜感,才能吸引大量的观众涌入直播间观看直播。

(三)直播活动主题要接地气

跟直播间商品的选择一样,直播活动主题的设定也必须要接地气。电商直播就是以直播形式售卖商品。如果选择商品太小众,那就意味着愿意购买的人也会很少。同理,直播活动主题如果不接地气,跟普通人的日常生活相差太多的话,那么直播间跟观众之间就会形成距离感,不易建立起相关的信任感,直播活动的效果也不会太好。所以,直播间在确定直播活动主题的时候,必须是直播间观众所能接受的、所感兴趣的,才能达成情感共鸣,有利于直播间关系的管理。

同时,在直播活动中,主播在全方位地展示商品的同时,也可以对商品进行试用、试吃。这样一方面可以让直播间的观众直观地了解商品;另一方面也可以拉近主播跟观众之间的关系,形成信任感和认同感。这样,直播间客户的转化率和复购率都会提升。

直播间运营团队在策划直播活动主题方向和最终确定直播活动主题的时候,要考虑到直播活动主题能突出产品特点、有特色并贴近百姓生活。同时,在直播活动过程中,主播应围绕直播的主题展开,确保直播主题贯穿于直播始终。

第二节 直播间开播前的准备

一、营销推广

直播活动主题确定后,直播间策划团队需要制定文字、图片、短视频、音频等形式的宣传推广材料。主播的内容包括直播活动主题、主推商品、直播间即将出现的嘉宾、直播活动的福利游戏等。开播前,通过宣传推广尽可能吸引流量进入直播间观看直播,进而才有可能在直播间购买商品,实现流量转化。一般常用的营销推广手段是在直播平台发布短视频预告,同时在其他平台也进行分享、宣传,引起话题讨论。

(一) 开播前制作短视频进行预告

直播间策划团队制作与直播活动主题相关的短视频,并在直播开始前1—3小时发布直播预告视频。因为在这个时间段发布短视频的话,电商直播平台会把视频推荐给已经关注的客户或者对电商直播内容感兴趣的用户。所以,直播策划团队可以利用电商直播平台的推荐机制,尽可能将目标客户和潜在客户吸引到直播间,完成观众到客户的转化。

短视频预告的质量直接影响观众的观看体验和兴趣。因此,要注重视频的画质、音效和剪辑等方面。画质要清晰,音效要悦耳,剪辑要流畅。同时,可以利用字幕、特效等元素增强视频的视觉效果,吸引观众的注意力。

短视频的内容可以是对直播主题的解释、主创团队对直播活动的准备视频、嘉宾的介绍、直播的福利优惠等。这些短视频内容不需要太长时间，但要尽可能有趣、幽默。

(二)在其他平台进行直播活动内容的分享

电商直播平台选定之后，并不是只能在电商直播平台发表相关的推广营销内容。直播策划部门还可以在其他社交平台分享、转发直播活动的开始时间、内容以及亮点。也就是说，在直播开始前，直播策划部门要尽可能做到全渠道的宣传，宣传渠道不限于微博、朋友圈、QQ 空间、微信公众号、微信群、QQ 群以及其他社群。这些平台拥有庞大的用户群体和广泛的传播渠道，通过在这些平台上发布吸引人的直播预告和精彩内容，能够迅速吸引更多潜在观众的关注和兴趣。毕竟，宣传渠道越多，用户接触到直播活动信息的几率也就越大，相应地，后期被吸引进入直播间的潜在观众数量也就可能越多。

二、主播形象的打造

主播的形象在一定程度上展示了直播间的精神面貌，也是直播间调性的具体呈现。不同风格的直播间可能需要不同形象的主播，但主播的形象一般要满足以下几点要求。

(一)积极热情的状态

一场直播活动绝非短暂的闪光，它往往需要主播投入数个小时的精力与热情。在这个相对漫长的时段里，主播的角色举足轻重，他们不仅是产品的展示者，更是气氛的营造者和观众情感的引导者。因此，主播在直播活动过程中，必须保持一种积极亢奋的状态，仿佛是一股源源不断的活力源泉，感染和带动着每一位进入直播间的观众。

这种积极的状态并非空洞无物，而是建立在主播对产品的深入了解、对直播内容的充分准备以及对观众需求的敏锐洞察之上。只有当主播全身心投入,以最佳的精神面貌呈现在镜头前,才能有效地调动起直播间观众的积极性,激发他们的购物欲望。这种积极性的传递,就像一块打火石,在观众心中擦出火花,点燃他们对产品的兴趣和购买的热情。

而主播在镜头前的表现,更是直播活动成功与否的关键因素之一。他们不仅需要展示产品的特点和优势,更要通过自身的言行举止,传递出一种积极饱满的精神面貌。这种精神面貌仿佛是一种无形的磁场,吸引着观众的目光和心灵,让他们不由自主地想要靠近、想要了解更多。在这个过程中,主播与观众之间的互动变得尤为重要。主播需要耐心回复观众的问题,解答他们的疑惑,建立起一种基于信任和共鸣的人缘关系。

这种在直播间内建立起的人缘关系,对于直播活动的长远发展具有不可估量的价值。它不仅能够吸引新的观众加入直播间,还能够促进现有观众向消费者的转化。当观众感受到主播的真诚与热情,他们更有可能将这种信任转化为实际的购买行为,从而推动直播活动的商业成功。因此,主播在直播过程中的表现和精神状态,无疑是决定直播活动成败的关键因素之一。

(二) 干净整洁的形象

在直播营销中,很多直播间都存在一个误解,即主播的颜值必须要高,只有高颜值的主播才能吸引人气。其实,直播间在主播的选择上不需要过多关注主播的颜值。直播间的观众大部分都是普通人,不可能都是高颜值的。反而,直播间主播普通人的相貌可能会更贴近观众,能够轻易地拉近直播间观众与主播之间的关系。就像2022年夏天大火的某顶流教育品牌直播间,最先出圈的主播并不是拥有高学历高颜值的主播,反而是其貌不扬的其他主播。直播间的观众为什么会喜欢这位方脸、犹如兵马俑的主播呢?是因为他的相貌会让直播间的观众感到亲近。再加上他的小作文能够调动直播间观众的记忆,达到情绪共鸣。观众认为这位主播所说的就是自己内心想要表达的。

虽然说主播的颜值不是直播活动成功的决定因素,但是主播还是需要注意一下自身的形象,保持干净整洁。一般直播间都会要求女主播在直播过程中化淡妆、衣着整洁大方;男主播也要干净清爽,不能胡子拉碴的。毕竟观众进入直播间观看直播活动,对直播间的第一印象就是主播所呈现出的形象。所以,主播要带给直播间观众一个良好的第一印象。当然,特殊人设主播除外,毕竟不同行业主播的侧重点也有所不同。比如,在直播活动穿汉服时,主播可能需要浓妆艳抹来展示汉服的美。

(三) 良好的语言沟通能力

在直播活动过程中,没有字幕,所有信息都要靠主播通过语言传递给直播间观众。这对主播的口才有一定要求,需要主播有适当的语速(不能过快,否则观众容易听不清;不能过慢,否则会影响直播节奏)和较为标准的普通话。这是为了保证进入直播间的观众能够听懂主播对产品的展示。虽然直播过程中镜头可以展示产品的一些细节,但大部分时间都是主播通过语言向直播间的观众阐述产品的性能、使用感受等。

主播的语言沟通能力也需要经验积累,形成自己的风格。比如说某顶流教育行业直播间的每一个出圈的主播都有自己的风格。有的主播作为文科生,动不动就会用他的文化积累呈现给直播间观众一篇篇能够打动人心的小作文;有的主播展示的是理科生的严谨,会用不紧不慢的腔调讲解产品的细节和产品的品质为什么会好,在阐述的过程中还时不时地向观众展示图片用来论证自己的语言;还有的主播通过音乐的力量拉近跟直播间观众的距离,让观众对其产生信任感,促成交易。

(四) 良好的控场能力

一场直播活动至少要进行 2 小时。主播要有良好的控场能力,根据直播脚本的计划,在多长时间内讲解完一个产品、多长时间跟直播间的观众进行互动沟通等都要有所把握。这样才能保证直播间不冷场、调动起气氛、激起消费者的消费欲望并促使其消费,从而实现直播活动的成功。同时,在直播过程中并不是所有的观众都是友好的,会出现一些黑粉或者一些不可控的突发情况。这时候主播必须要有控场能力将直播间的带货节奏掌握好。

三、直播设备的调整

(一)直播间场地的布置

直播开始之前,直播间主创人员需要根据直播活动的内容对直播间场地进行选择(选择室内还是室外),并确定直播形式是站播还是坐播等问题。确定后,就需要着手布置直播场地。总体来说,直播场地的整体环境应干净整洁,光线充足且均匀。同时,直播间场地应尽可能远离嘈杂人群,或进行降噪处理,以保证直播过程中收音清晰、完整。

(二)直播设备的选择

1.直播镜头的选择

直播镜头选择的第一要素是保证直播过程中画面清晰。对画质的最基本要求是能看清人物的细微表情,特别是主播在试吃食物类产品时。同时需要调整镜头的光线,确保均匀,特别是脸部,要避免局部曝光(局部区域过亮过白)。镜头的色调应以自然、粉嫩为佳,注意调节到合适的白平衡和对比度。

直播时,镜头应尽可能选择中景,确保无论主播是坐姿还是站姿,上半身都能被拍到并位于画面中心。这样主播在展示商品时,观众会感到舒适,不会有疏离感。摄像头的高度应尽可能控制在平行于主播额头位置,从上往下拍摄;如果主播觉得自己的侧脸更好看,可以把摄像头放在斜对自己的位置,但要注意角度不能过偏(不超过30度)。同时,要避免话筒和悬臂支架对视频效果的影响,话筒与嘴巴应保持20至30厘米的距离,注意不要让话筒或设备挡住主播的脸或产品。

2.灯光设备的要求

直播场地的环境灯光要足够亮,这样主播的脸部以及背景颜色在摄像头里才会更好看。打光时不能出现阴影,光线要平衡。很多人会直接把光往脸上正面打,但要做到光线平衡且没有阴影是比较难的,一两个灯是做不到的。长时间直射的光线也会让人感觉不舒适。因此可以尝试反方向打光,比如将光打到墙上或用反光板反射,这样的光线比较柔和,不会有明显的阴影。在视频调试中也要避免出现曝光过度等情况。灯光搭配的具体细节要根据房间实际情况以及桌子的位置来调整。顶光不能太暗,顶灯应放置在房间靠中间位置,以避免房间灯光不平衡。桌面的台灯不能直接照射摄像头,否则会导致画面出现白雾。所有的灯光都不宜直接从正面照射人,桌面台灯应对墙打光,让墙面反射出柔和的光线。电脑前的光一定要比背景光更亮。

3.音频设备的要求

音频设备方面,直播时声音的构成主要依赖于声卡和麦克风的配合,其次需要软件机架效果。悦耳的声音也是吸引观众的重要手段之一,特别是对于娱乐主播来说,声音是除了面容以外吸引用户的重要因素之一。常用的音频设备包括麦克风、声卡及声卡特效等。直播时采集声音需要使用麦克风,不同价位的麦克风区别在于声音采集的范围以及声音传输的稳定性。市面上三四百元以上的麦克风基本已经够用,具体选择可以根据公司经济能力来定。声卡是实现优质声音的硬件支持,建议购买可以搭建机架的声卡,这样可以方便搭建机架实现更多的软件效果。软件效果可以找专业调音师进行调试。声卡要求在唱歌和聊天两方面都有好的表现:唱歌时能增强声音的质感,聊天时能做到人声悦耳爽心。每个人都有自己的声线特点,声卡可以修饰人的声音,让声音更好听。因此主播一定要找到合适自己声线的声音效果,这会影响主播的才艺展示。声卡自带的一些固定效果还可以实现唱歌混响、主持聊天、喊麦效果、电音等多种需求,有助于增强直播的趣味性。

第三节　直播脚本的制作及直播话术的设计

直播脚本是为了规范直播的内容和流程等,让整场直播按照预想的方式进行下去。有了脚本,主播就能有效地应对直播过程中的突发情况,也能更好地把握住主动权,没有脚本容易被直播间里的用户带偏,更重要的直播脚本可以实现直播利益最大化。直播间的营销话术,就是主播在直播活动现场所说的语言,它带有营销色彩,目的是引导用户下单。直播脚本及营销话术的设计,都是基于产品的营销卖点。

一、直播活动脚本的设计

(一)直播脚本设计的必要性

直播脚本可以帮助主播确定直播活动的主题和目的,如回馈粉丝、新品上市或大型促销活动等。通过直播脚本,可以在直播活动开始之前通过软文、短视频等形式给粉丝进行预告,让其了解直播内容、产品信息和活动力度,从而吸引消费者进入直播间进行消费。

直播脚本有助于主播把控直播节奏、梳理直播流程,并对直播间所有工作人员进行任务分配和调度。它对主播、助播、运营人员的行为和话术进行指导,确保直播活动的顺利进行。例如,主播负责引导观众、介绍产品和解释活动规则等。

此外,直播脚本还可以帮助直播间运营团队控制预算。在脚本中可以提前设计好优惠券面额、秒杀活动以及赠品支出等数量,从而在一定程度上控制直播成本。

(二)直播活动脚本的设计流程

1.了解本场直播营销活动的目的。在设计直播脚本之前,要明确本场直播活动的目的。是为了通过网红主播/明星直播增加产品曝光机会、提升流量并带动销售;还是为了检验直播销售模式与传统营销模式对受众的接受程度,以便制定下一步的互联网营销计划;又或者是为了提高产品销量、降低库存压力等。

2.与生产企业确定直播方式。在直播脚本中要明确直播形式(如清仓专场或日常直播)、直播场次、直播时间、直播场地以及直播活动的主题等信息。这些信息将有助于确保直播活动的顺利进行并达到预期效果。

3.直播筹备工作

主要的直播间活动筹备工作及人员分工可以参考表9-1。(具体直播间内工作人员的工作职责,请参见第四章第一节"电商直播的岗位职责"中的相关内容。)

表9-1　直播间活动筹备工作及人员分工

项目名称	具体事项	负责人	时间点
主播运营	主播风格的选择	选品团队	时间点的设计,各直播间不同
	样品试用视频、预热视频的拍摄	运营团队	
	直播话术的演练	策划、选品团队	
媒体运营	微信公众号	运营团队	
	直播平台的选择及权限		
	直播脚本设计		
	论坛平台推广		
	直播平台的短视频推广		
平面推广	活动海报、客服二维码等	美工、策划团队	
运营推广	社群运营、红包及优惠券的设计	运营团队	
客服	样品的陈列	选品团队	
	销售额统计	客服	
	发货物流管理	客服	

4.直播选品

选品团队负责产品的选择、产品的价格制定、样品的试用、产品信息收集、竞品分析、直播间产品结构设定等工作。

二、直播间营销话术的分类

设计直播间的营销话术至关重要,这不仅能体现直播间选品的专业度和责任心,还能有效消除直播间与消费者之间的隔阂,建立起深厚的信任感。通过这些精心设计的话术,我们希望能吸引并留住消费者,让他们在观看直播的过程中产生强烈的购买欲望,并最终下单。

(一)产品介绍话术

掌握产品介绍话术是每个主播的必备技能。这不仅要求主播对每一款产品的基本属性、卖点、优势了如指掌,还需要他们深入了解产品所对应的用户群体特征。通过详尽的商品介绍,主播可以向消费者展示产品的具体细节,同时拉近与消费者的距离,建立信任感。这些都有助于影响消费者的购买决策,从而实现提升产品销售额的目的。

在直播过程中,主播可以通过展示样品或分享相关试用数据,直观地向消费者展示产品的独特卖点和营销亮点。然而,并非所有主播都能像某些顶级主播那样口若悬河、滔滔不绝。对于普通主播来说,侧面展示产品的卓越品质同样有效。比如,提及产品在直播间的回购率、好评率以及上一场直播活动的销售数据和消费者反馈,都能从侧面印证产品的优秀品质。试想如果产品使用体验不佳,消费者自然不会复购,所以回购率可以直观地反映产品的使用效果。而产品的好评率和消费者反馈往往比主播在直播中卖力吆喝的效果更为显著。此外,上一场直播活动的销售数据也可以从侧面反映直播间供应链的灵活性和市场适应能力。

虽然产品介绍话术看似简单,但实际上需要选品团队付出大量努力。

他们需要通过样品试用、产品信息搜集、竞品分析等方式,深入挖掘产品的营销点和卖点,为主播提供有力支持。

(二)购物车点击话术

当消费者对主播介绍的产品产生兴趣时,主播需要及时引导消费者点击购物车。尽管点击购物车并不意味着消费者一定会购买该产品,但至少说明他们对产品产生了兴趣并有一定的购买欲望。因此,购物车点击话术的运用至关重要。

大部分主播通常会在产品销售前和销售过程中引导消费者点击购物车。在主播不断强化点击购物车的提示下,容易为消费者营造一种想要消费的氛围,进而产生冲动性消费。常见的销售前引导话术如:"宝宝们,点击购物车,本场直播所有产品都能看到哦! 不要错过你心仪的宝贝!"或"宝宝们进到直播间点关注,加到购物车看一看,有惊喜哦!"而销售过程中的引导话术则如:"宝宝们,×号链接本场福利折扣××,倒计时开始!"或"宝宝们,目前介绍的是×号链接产品,感兴趣的话点击购物车了解详情哦!"以及"抢到优惠券的宝宝们,点击×号链接可以直接购买啦!"这些话术都能有效地引导消费者点击购物车,为后续的购买行为奠定基础。

(三)引导成交话术

引导成交话术是主播在直播间展示样品细节或消费者已点击购物车并从购物车进入产品详情介绍页面后使用的话术。其旨在激发用户的下单欲望,促成交易完成。消费者在做出购买决策时会受到多种因素的影响,因此主播需要运用引导成交话术来打消消费者的顾虑并促成最终订单的完成。

对于不同产品的介绍,主播可以通过与消费者互动了解他们的购买渴望程度以及不购买产品的顾虑所在。这种互动过程不仅有助于消费者进一步了解产品的细节信息,还能让主播更准确地把握消费者的需求和心理变化。通过针对性地运用引导成交话术,主播可以有效地提高直播间的转化率和销售额。

(四)促单话术

促单话术是指在直播活动中,主播运用特定话术促使消费者提交订单的技巧。这类话术通常会强调产品的库存紧张或优惠活动的限时性,让消费者产生一种紧迫感,觉得如果不立即购买就会错过难得的机会。在这种情况下,消费者往往会因为担心损失而做出购买决策,这就是促单话术所要营造的氛围和效果。

上述这四种直播间营销话术的设计原则包括:让消费者了解产品、利用产品的营销点和卖点来激发消费者的购买需求、根据消费者购买产品的逻辑去引导他们进行消费以及达到产品售卖的目的。通过精心设计和运用这些话术,我们可以有效地提高直播间的销售效果和用户体验,实现双赢的局面。

(五)常见品类的营销话术框架设计

直播间售卖的产品不可能只有一个品类,而每一个品类的产品的营销话术也是有所区别的,不能千篇一律。因此,选品团队必须掌握营销话术的核心逻辑,了解消费者对每个品类的产品需求的重点。只有产品的营销点/卖点刚好是消费者的需求点,才能实现以不变应万变,无论面对什么样的产品,都能迅速产出优秀的营销话术。

营销话术逻辑主要分为五个部分:前期铺垫、产品介绍、配合展示、营销点/卖点触击、促使成交。每一步都有各自的内容框架,五步叠加之后,与随意的介绍相比,转化效率必定有大幅度提升。

以三类常见品类为例,分享一下营销话术内容框架:

1.鞋靴服饰类

鞋靴服饰最好的展示方式就是样品展示。因为消费者对此类产品最关心的就是上身效果,是不是穿在身上也是这个效果。所以,如果直播间的产品品类是鞋靴服饰类垂直领域,在设计营销话术时,需要关注以下几个问题:鞋靴服饰适合什么风格?该如何搭配?面料材质是怎样的?穿着体验是否舒适?实际上身效果如何?有无色差?不同灯光下的颜色对比如何?不同身高的人需要买什么样的尺码?性价比如何?通过直播间主播上身讲解穿搭技巧、展示不同风格的方式,同时将这些问题的答案直观地展示给消费者。

2.彩妆护肤类

对于彩妆护肤类产品,消费者的第一关注点肯定是产品的安全性,其次才是效果。直接在主播身上展示产品的效果,更能打动消费者进行消费。所以,选品团队在设计直播营销话术时,需要考虑的关键点如下:产品的使用感受如何?如何给消费者直接展示产品的质地?实验后产品的质感如何变化?产品具有哪些功效?如保湿、抗皱还是抗衰老?产品的成分是什么?里面含有哪些原材料?产品具体有哪些功效?产品的含量是多少?适用人群的特征是什么?价格是否达到了用户的期望?在直播活动中,也可以邀请几个不同肤质类型的主播进行实验,亲自为用户讲解。

在直播活动的展示过程中,要注意面膜等产品一般要挤出里面的精华,让消费者直观看到精华的多少。同时,在彩妆护肤类的产品直播活动中,主播一定要在无滤镜的情况下上脸使用,展示产品的实际使用效果。

3.食品类

目前直播平台对食品类的产品管控也非常严格,特别是保质期较短的生鲜类。所以,选品团队一般会从以下几个方面设计直播营销话术:

(1)保质期:特别是生鲜类,一定要告知消费者产品的生产日期和保质期的长短。

(2)配料:一方面可以展示产品的真材实料,同时也能提前告知消费者产品的成分,可以避免消费者对某些食物过敏,造成麻烦。

(3)口感:是香的、脆的、糯的、软的、辣的还是其他口味,必须一五一十地讲清楚。

（4）规格：最划算的买法是什么？要不要领券？还是自动满减？

（5）价格：食品是高复购商品，主要是靠复购赚钱，因此一定要让消费者感受到价格的划算。

在食品类的直播过程中，主播最好在直播现场进行试吃，用镜头特写展示主播试吃的表情或食物的细节，从而表现食物的口感、色泽等，让直播间的观众恨不得立马能吃上。同时，要介绍清楚配方、使用方法、如何保存等关键点，让消费者能够吃到最完美的食品。

（六）常见违禁词、敏感词规避和应急话术准备

在设计营销话术时，要特别注意避免使用常见违禁词和敏感词，特别是广告法和直播平台的禁止词语，最好熟记于心。同时，在营销话术的设计过程中，还需要准备一些应急话术以应对突发情况。一般需要准备以下三种应急话术：

反黑话术：在直播活动中，不可避免会遇到黑粉。这些黑粉可能会不讲道理地进行无理由的攻击。在这种情况下，主播及副播需要及时控场，把节奏带回正常的直播卖货轨道上。

争论话术：直播活动中，如果主播遇到消费者对购买的产品存在疑问或有质量问题的情况，主播不能在直播间与消费者进行争论。此时应迅速在公屏上进行沟通，并安排专属客服联系用户以快速解决问题。

调整话术：在直播活动中，有时可能会出现一些突发情况或主播状态不佳的情况。这时需要让主播暂时下场休息几分钟以恢复状态。在此期间，最好准备一段好的调整话术来自然过渡上下场，并给消费者带来惊喜，将不利情况转化为有利情况。

第十章　直播复盘

导语：

在电商直播领域，直播复盘是一个关键的环节，它有助于商家和直播团队了解直播活动的成功和不足之处，并从中汲取经验教训，以进一步提升直播效果。直播复盘是一个自我反思和学习的过程，它涵盖了观众反馈、销售数据分析、内容表现等多个方面。本节将深入探讨直播复盘的重要性，提供有关如何进行有效复盘以改进未来直播活动的关键见解和方法。

第一节　什么是直播复盘

电商直播所说的直播复盘，是在一场电商直播活动结束后，对该场直播的全部表现和各项数据进行回顾和分析，包括直播前的准备活动（直播选品、直播预热、销售目标等）、直播中的运营活动（直播引流、主播表现、流程安排等）、直播后的销售结果（销售数据、转化数据、目标对比等）。通过对各个方面的分析，总结出该场直播中的优点和不足，然后制定优化方案，在下一场直播中依据优化方案进行改进，通过不断的优化和改进，以达到更好的直播效果。

了解了什么是复盘，那么下一步我们要知道怎么去复盘？复盘的第一步是先要有复盘的资料，复盘的资料一是直接的数据资料，数据资料主要是电商直播平台给到的后台资料;二是主播的表现和直播间的运营资料,要获取这些资料需要对整场电商直播进行录屏。特别对于新手主播或新手直播团队,在前期对于平台禁忌和直播节奏还没有很好把握的时候,就更要对直播实况进行录播并做精细化分析。在对整个直播过程进行记录之后,一定要有归纳总结,并且最重要的是做好下一步的检讨改进。在对正常直播实况进行录屏的时候,一定要用手机去录屏。因为大部分人是在手机端看直播的,而电脑端的录屏所展现的信息位置与手机端是不一样的。比如有的时候,直播间场景展现中比较重要的部分在手机端观看的时候,会被屏幕互动信息所遮盖,但是在电脑端就看不到这种问题。那这个时候重要信息没有被观众很好地看到,造成直播的一些问题,只用电脑端录屏是看不出来的。当然手机录屏以后可以导入电脑上,再通过大屏观看分析。既然用手机录屏,那么就要求手机的存储容量一定要比较大。在手机录屏的时候,要注意设置视频的大小,在能看清的基础上不必把视频设置得过大。

基于打击、避免各种直播乱象的初衷,使得平台上的各种直播符合法律法规和公序良俗,平台方现在对违规抓得特别严格,采用机器智能(AI)检测和人工巡检两种方式排查和处理直播间违规情况。因此,在录播复盘时,电商直播团队的第一要务是会同主播查找直播违规情况。一场直播如果主播出现违规情况,直播间会弹出违规的提示信息。有了直播录屏之后,也就有了直接的证据去追溯违规原因。有的时候平台方会给出比较明确的违规说明,但是很多时候平台方只是给出违规的大致范围说明,没有有针对性地明确违规说明,此时就需要自己去找具体的直播片段,分析违规原因。主播尤其需要注意的是,如果直播间提示了违规,而主播明确知道违规原因,就当场改正不再使用违规语言,可以继续直播。但是当主播无法明确理解违规原因时,则应该马上下播,如果继续直播的话,就很可能违规而获得更重的处罚,严重者甚至会直接对直播间进行封禁,那付出的代价就过大了,是得不偿失的。遇到这种情况下播之后需要主播和直播团队认真分析,通过录播观察在违规弹窗前的这段时间里究竟是说了什么触发违规。建议从 1 分钟内、3分钟内、5分钟内、10分钟内这样一个时间递进顺序,逐渐扩大观察范围。

当然,违规复盘只是众多复盘的一种,复盘还包括主播复盘、团队复盘、产品复盘、流程复盘、时间复盘、设备复盘、场景复盘、数据复盘等诸多类别。但不论是涉及哪一个方面的复盘,都可以归结为三个主要部分,即明确优势、总结问题、优化改进。

第二节　复盘要点

复盘是对直播间"人、货、场"的通盘回顾和考察。而对"人、货、场"的回顾、调整和优化的根本是数据。因此,数据复盘是复盘的最主要的工作,对数据的分析和根据数据分析对电商直播进行优化的能力是电商直播运营人员的核心能力之一。

一、浅层数据和深层数据

现在电商直播所采用的类型和策略不尽相同,因此复盘的关注点也相应地有所区别。建议主要根据流量是否付费来做基础分类,即根据纯自然流(不付费)直播间、部分付费直播间、纯付费直播间三类进行划分,来确定复盘重点。其中,部分付费直播间还可以再细分为微付费直播间、半付费直播间等,纯付费直播间还可以再细分为投流素材和投流直播间这两种主要的付费形式。经此划分后,复盘的焦点会集中在浅层数据、深层数据、素材、直播间搭建等不同重心上。其中,浅层数据主要包括流量指标和互动指标。流量指标有:平均在线人数、曝光观看率(次数)、累计观看人数、曝光次数。互动指标有:人均观看时长、平均评论次数(分钟)、观看—互动率(人数)、新增粉丝数、观看—关注率(人数)、新加购物团人数、观看—加购物团率(人数）。深层数据包括：千次观看成交金额、成交人数、成交件数、商品曝光点击率、观看成交率、商品点击成交率、退款金额、成交老粉占比。当一个直播账号处于新手期的时候，一定是先做浅层数据再做深层数据。而一个成熟期的直播账号，则应该更多地关注深层数据。

可以看出，浅层数据和深层数据所包含的数据指标比较庞杂，我们要根据运营规律找出关键指标进行解析和复盘。以自然流为主的抖音电商直播间复盘为例，主要考察数据包括浅层数据的停留、互动、加灯牌、加关注，以及深层数据的千次观看成交金额（GPM）和成交单量（OPM）。千次观看成交金额是指直播结束后统计出的观众所创造的价值，它具体是指平均每1000个观众的消费总金额。直白来说，就是有1000人进入了直播间以后，这1000人总共在直播间花了多少钱？它是用作衡量直播间带货能力的重要指标。而千次观看的成交单量（成交订单数）考察的是成交密度，它充分反映了成交的活跃度，电商直播的成交密度可以理解为直播中购物人数占进入直播间总人数的比例。抖音的算法会根据这些数据进行综合评估，从而决定直播间在推荐信息流中的排名和曝光率。因此，商家需要通过不断优化"人"（主播人设和话术）、"货"（选品、排品、组品和塑品）、"场"（直播间场景），来提高浅层数据和深层数据的表现，从而吸引更多的用户进入直播间并产生购买行为。

二、"六维五率"

直播间是一个不断转化深入的过程，在学习了前面基本的浅层数据和深层数据之后，我们需要在此基础上去复盘直播间的转化效率。不论直播间类型如何，其基础转化数据都是电商直播行业内常提到的"六维五率"或"五维四率"。一场直播结束后，直播数据通常在官方后台就会被直观地看到。一个成熟的运营团队需要用销售漏斗的思维去看待层层递进的数据表现。

销售漏斗是一种直观且强大的可视化工具,它形象地描绘了从初步接触潜在客户到最终实现销售成交的整个过程。这个过程并非一蹴而就,而是需要经过一系列精心设计的阶段和环节,每个阶段都有其独特的意义和作用。销售漏斗将这些阶段清晰地划分出来,使得销售团队能够对每个环节进行细致入微的管理和监控。

在销售漏斗中,每个阶段的客户数量都是一个重要的指标。通过统计和分析这些数量,销售团队可以了解在每个阶段客户的流失情况,从而找出可能存在的问题和瓶颈。同时,转化率也是一个关键的数据,它反映了销售团队在每个阶段的工作效率和成果。通过对转化率的深入分析,销售团队可以找出提高转化率的有效策略,进而优化整个销售流程。

销售漏斗的形状恰如其名,像一个倒立的漏斗,上大下小。这种形状寓意着在整个销售过程中,客户数量是不断减少的。在漏斗的顶部,即初步接触客户的阶段,客户数量最多,但随着阶段的深入,能够成功进入下一级的客户数量逐渐减少。这种减少并非坏事,而是经过筛选和过滤后的结果,留下的都是更有可能成交的潜在客户。

在数字营销领域,销售漏斗的概念得到了进一步的扩展和深化。它不仅仅包括传统的销售过程,还将营销和推广过程纳入其中。这使得销售漏斗成了一个更全面、更系统的工具,能够帮助销售团队更好地了解和掌握整个营销过程。

通过统计和分析每个阶段的客户数量和转化率,数字营销团队可以获得丰富的数据和洞察。这些数据不仅可以揭示出在每个阶段可能存在的问题和机会,还可以为优化营销和推广策略提供有力的支持。基于这些数据,销售团队可以更加精准地定位目标客户群体,制定更加有效的营销策略,提高商品的营销效率。

此外,销售漏斗的优化还有助于提高品牌知名度和市场占有率。通过不断改进和优化销售漏斗中的各个环节,企业可以提供更加优质的产品和服务,增强客户对品牌的认知和信任。这将有助于企业在激烈的市场竞争中脱颖而出,赢得更多的市场份额和客户的青睐。

电商直播作为一种新兴的销售模式,其所展现的销售漏斗相较于传统销售漏斗,更加注重于提高直播间的销售效率。这种效率的提升,是通过精细化的数据分析和优化来实现的。具体来说,电商直播的销售漏斗包括了六大数据维度和五大转化率,简称"六维五率"。

这六个数据维度分别是:直播间曝光人数、进入直播间人数(直播间观看人数)、商品曝光人数、商品点击人数、订单生成量、最后成交(付款)人数。

这六个数据维度,每一个都代表了电商直播销售过程中的一个重要环节。首先是直播间曝光人数,这一数据反映了直播间的整体可见度,是吸引观众的第一步。接下来是进入直播间的人数,也就是直播间的实际观看人数,这一数据体现了直播间内容的吸引力。再往下,商品曝光人数代表了商品在直播间中被展示给多少观众,商品点击人数则代表了观众对商品的兴趣程度。订单生成量反映了观众从兴趣到实际行动的转化,而最后的成交(付款)人数则是销售过程的最终结果。

在每一个维度与相邻维度之间都存在一种转化率,转化率一共有五种,它们分别是:直播间曝光—直播间进入转化率、直播间进入—商品曝光转化率、商品曝光—商品点击转化率、商品点击—订单生成转化率、订单生成—最后成交(付款)转化率。

还有的直播团队在数据分析时,会根据自身的情况,不去考察订单生成量,而只看成交人数,因此"六维五率"就会简化为"五维四率"。本书遵循"言无不详"的原则,介绍更为复杂的"六维五率",以展现更全面的复盘视角。

所以下面我们主要分析五大转化率如何进行优化。请大家先看展示"六维五率"的电商直播销售漏斗,具体见图10-1。

我们可以看出,电商直播最后的成交是一步一步转化而来的。比如一个直播间在它的一场直播时段中,有10万人的曝光量,可能进入直播间只有2万人,进入直播之后不一定有效停留看到了商品的曝光,那商品曝光可能

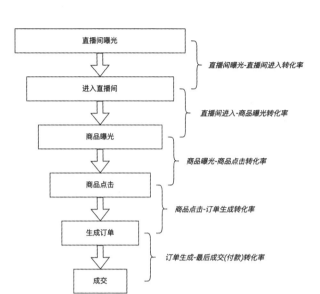

图 10-1 电商直播销售漏斗

只曝光给了 1 万人,商品曝光后真正激发观众兴趣而点击商品链接(比如抖音小黄车)进去看的,可能只有 2000 人,看了以后下单的可能只有 1000 人,下单之后最终付款达成成交的可能就只剩下 500 人了。

以上面这组转化数据为例,很多没有从事电商直播的人在看到这些数据的时候,可能会觉得转化率不高。其实转化率绝对值较低是一个很正常的状态,电商直播行业的特点决定了看播人群基数较大但转化率绝对值较低,因此不能指望每一步转化率都会超过一半。"六维五率"中的"五率"都是比较重要的,我们在复盘时需要考察每一步转化率的高低,当转化率较低时就需要采取方法提高,下面我们就来列举一些提高转化率的具体方法。

(一)直播间进入率(直播间曝光—直播间进入转化率)

首先我们来看一下直播间的曝光进入率,曝光量作为销售漏斗的最顶层一般还是比较高的,相应的曝光进入率也会比较高。特别是在兴趣电商平台,用户一般是在刷短视频的时候,就被推荐了一个直播间,屏幕上写着"进入"或者"点击进入直播间",只要做一个简单的点击动作就可以进入直播间。

以抖音电商平台为例,可以通过投放 feed 流的方式来增加直播间的曝光量。feed 流是抖音的巨量引擎所推出的产品,它的主要目的是通过付费的方式,帮助抖音上的商家提升电商直播间的曝光。feed 流是抖音电商直播广告的一种,是无须上传视频素材,在推荐信息流直接展现实时直播内容的简单玩法。这种简单的玩法使得商家能够更快速地进行广告投放,同时也能够降低广告制作的成本。此外,Feed 流广告还具有很高的灵活性,商家可以根据自己的需求随时调整广告的投放策略,比如投放时段、定向范围等。

通过投放 Feed 流广告,电商直播间能够增加曝光量,吸引更多潜在用户进入直播间。然而,如果直播间的人货场匹配度不够高,尤其是主播的表现力和风格差异化不足,就很难留住这些通过 Feed 流推荐而来的转化流量。为了提升直播间的吸引力,主播的形象和表现力至关重要。主播需要具备一定的颜值和气质,形象端庄或者有特色,因为主播的形象往往能够直接吸引用户的注意力。正如网络名言所说,人是视觉动物。在直播过程中,主播需要具备良好的沟通能力、产品知识和销售技巧,同时要保持积极、热情、友好的态度,以提高直播间的互动率和转化率。关于主播方面"人"的要素,可以参考本书第六章中的详细内容。除了主播的表现力,货品的吸引力也是留住用户的关键。直播间售卖的产品需要足够吸引人,能够满足用户的需求和期待。主播在介绍产品时,不仅要口述产品的特点和优势,还要不断强调福利和优惠,吸引用户留下来了解更多信息。为了更好地吸引用户,主播甚至会在口播时专门针对还没有进入直播间的人采取催促进入的话术,比如"门口的小伙伴别犹豫了,快进来吧,我们这里有超低价的×××,先到先得啊!"最后,直播间的场景搭建也是优化人货场的重要方面之一。现在电商直播的场景搭建分为两大类型:一是实景,二是虚拟背景。实景能够营造更真实的环境感受,适合更多的人一起直播创造氛围。而虚拟背景更适合产品和价格的放大展示,以及图片视频的清晰展播。直播间的场景选择应该根据品牌和产品进行设计,并根据数据反馈和用户需求而不断优化。

综上所述,要想提高电商直播间的曝光进入率,需要在人货场的优化上下足功夫。主播需要具备良好的表现力和风格差异化,货品需要足够吸引人,场景也需要根据品牌和产品进行设计。通过人货场的优化可以有效提高销售漏斗的第一步转化,即提高直播间的曝光进入率。因此,如果直播间的曝光进入率低于同类电商直播间的平均值,就一定要先在人货场的改进上多下功夫。

直播间曝光量还有一个重要来源是来自短视频的流量。以抖音为例,可以在商家的巨量千川后台直接发布隐藏式的广告短视频,也可以在账号主页发布公开的短视频。在账号主页公开发布的短视频本身是免费的,当然也可以通过投放 DOU+进行加热,增加观看量和互动指数。在直播前和直播期间发布短视频引流是提高曝光量和曝光进入率的有效手段。

一般建议在四个关键时间点发布直播的引流短视频,分别是直播前一天、直播当天开播前本账号视频内容的流量高峰期(如晚上直播中午发布相关视频)、直播前 1 个小时到 30 分钟、直播期间。这四个关键时间点不一定都要发布预热或引流短视频,运营团队可以根据具体情况做出选择。

在直播期间的短视频引流方面,可以采用"7+1"原则。即在发布短视频时,每 7 条内容类短视频加 1 条广告类短视频。一般来说,一场电商直播的时长至少为 4 个小时,因此可以从开播开始发布视频,总共发布 8 条视频,每半小时一条。需要注意的是,发布的 8 条视频应以内容类短视频为主、广告类短视频为辅。这是因为观众更喜欢看内容类的短视频,如果是 7 条广告类短视频,那么点赞数可能不会很高,从而导致短视频的曝光度较低。而短视频的曝光度低则会影响其流量,进而影响直播间的曝光量。

除了上述的"7+1"原则外,还可以通过其他方式来提高直播间的曝光量。例如,可以与知名主播或网红合作,进行跨平台引流。合作方式可以是联合直播、短视频合作、社交媒体互动等。通过与知名主播或网红合作,可以利用其粉丝基础和影响力,吸引更多潜在用户进入直播间。

另外,还可以通过社交媒体平台进行引流。比如,在抖音、快手、微博等平台上发布直播预告或直播精彩片段,吸引更多用户关注并进入直播间。此外,还可以利用平台的推荐算法,通过付费推广或自然流量推荐等方式,提高直播间的曝光率和观看量。

总之,直播间曝光量的提高需要从多个方面入手,包括短视频引流、合作引流、社交媒体引流等。运营团队需要根据实际情况制定合适的策略,不断优化和提高直播间的曝光量和转化率。

(二)商品曝光率(直播间进入—商品曝光转化率)

下面我们再来看直播间进入—商品曝光转化率。这个转化率是指进到直播间里的人看到了直播间商品的比例。从数据上来讲,这个转化率根据直播间性质和商品种类的不同,合格水平大概是在 60%—80% 之间,也就是平均来算,进来 100 个人,有 60—80 个人都看到了你所售卖的商品。

提高抖音电商直播中的直播间进入—商品曝光转化率是至关重要的,我们可以采用两种主要方法:主播话术引导和商品弹窗。这两种策略有助于引导观众更多地点击小黄车中的产品,从而增加直播间进入—商品曝光转化率。具体的实施方法根据不同因素进行调整,如直播间类型、产品特点、观众群体以及时间等。

首先,主播话术引导是通过主播的话术引导观众点击购物链接。这可以采用不同的形式,根据情况选择:如果小黄车中的产品不多且都相对重要,主播可以引导观众一起浏览小黄车中的产品。主播可以专注介绍小黄车中的重点产品,以确保观众关注到最重要的商品。主播可以不断提醒观众直播中的福利产品是小黄车的第几号产品,以引起购买兴趣。

其次,在主播话术引导的同时,配合商品弹窗是另一个有效的方法。当主播介绍商品时,运营团队可以适时在直播间右下角弹出商品弹窗。用户点击这个弹窗可以直接进入商品详情页,与通过小黄车点击商品相同。要注意弹窗时间要把握得当,通常在介绍重要产品时弹窗效果最佳。弹窗可以在主要商品的销售节奏中反复出现。

此外,弹窗功能也可以不定时地展示所有主要商品,即使观众没有点击小黄车,也能了解直播中售卖的主要产品。尤其是主播在使用话术推销重要商品的过程中,运营可以配合把该商品反复弹窗。此时主播间的观众如果对这个产品有需要的话,他们就会停留在直播间,从而相应提高直播间商品曝光率。因为有好多人虽然刷到了你的直播间,可能并不知道你是卖什么的,停留2—3秒没搞清楚有什么商品什么福利,就可能不想看而直接划走了。如果此时配合主播的讲解弹了一个窗,比如说弹了一个9.9元的福利商品,他就很可能想看看这么便宜的商品具体是什么,从而点开商品弹窗,这样的话就会增加下一个商品的点击率。

需要注意的是,弹窗的时间比较短,这就要求运营人员应该找准恰当的时间去弹窗,也就是电商直播行业内人员通常所说的"找准气口"去弹窗。在很多直播间里,大家可能会看到这样一种情况,就是直播间的主播和助理会一起喊一个倒计时——"5、4、3、2、1,上链接!"然后同步去弹窗。作为电商直播的运营人员,应该把握好类似的弹窗节奏。

复盘时,关键是对弹窗转化率进行统计,将单品的弹窗时长与销售量相匹配。高转化率的产品可以在后续直播中增加弹窗时长,而低转化率的产品则需要根据具体情况调整弹窗时机、缩短弹窗时长或考虑淘汰。

(三)商品点击率(商品曝光—商品点击转化率)

商品有了曝光以后,作为销售者当然希望它能进一步转化,这时候就涉及了商品曝光—商品点击转化率。用户点击商品、下单、付款,也是为直播间打上精准标签的核心数据。

由于直播间和产品并不相同,它的合格指标也并不相同,通常来说可以定在10%左右,而优秀指标可以在20%—30%。

要提高电商直播中的商品点击率,关键在于精心制定卖点策略,并根据复盘数据不断进行优化。最有效的方法之一是将卖点以更生动、更直观的方式展示在商品标题和缩略图中。这是因为商品标题和缩略图通常是用户在浏览电商平台时首先接触到的商品信息,所以它们的设计和优化对于用户是否会点击查看商品详情或直接购买至关重要。

首先,让我们探讨如何编写吸引人的商品标题。一个出色的商品标题可以显著提升商品的点击率。一种常见的编写或优化标题的方法是在主标题中使用引人注目的书名号,或者通过添加醒目的红色副标题来突出重要信息。这些重要信息可以包括价格优惠、限时福利、赠品说明、产品组合、产品卖点、适用类型、使用场景以及产品背书等。这样的标注可以让用户一眼就了解到商品的关键特点,从而吸引他们点击进一步了解。

其次,我们来看商品缩略图的设计。图片比文字更容易引起人们的注意,而且通常位于商品标题之前,因此可以直接带来视觉冲击力。在设计商品缩略图时,要特别注意突出关键产品,如特价优惠商品。使用高清大图的形式展示这些商品,可以大大激发观众的购买欲望,促使他们点击商品链接。简言之,商品缩略图的设计要确保缩略图清晰、吸引人,并能够传达产品的关键信息。下图是某手机品牌的商品缩略图和商品标题,可以看到商品缩略图简单清晰,并把购机福利标注到图上,而红色副标题强调了现货和48小时内就能发货,满足了消费者“即买即得”的快捷体验,见图 10-2。

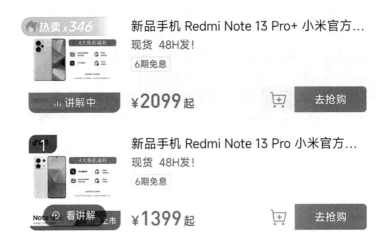

图 10-2　某手机品牌的商品缩略图和商品标题

商品标题、商品缩略图等优化工作是要在直播之前就做好的,可以吸引用户的兴趣,增加商品的曝光度,从而提高购买意愿和销售量。另外可以采用提高转化率的方法还有额外赠品、IP 背书等,相关内容和话术在本书第六章都有提及,此处不再赘述。

采用以上手段是否能达到预期的商品点击率,我们也可以在复盘时通过对数据的考察进行判定并考虑改进。除了这些方法以外,在复盘时如果发现商品点击率不够理想,应该主要关注这三个方面:主播话术是否有效引导点击商品、商品价格是否过高、直播间的氛围是否烘托到位。

(四)商品下单率(商品点击—订单生成转化率)

商品点击之后,是否能生成订单说明了消费者是否被真正打动而做出了下单的动作。这就是商品点击—订单生成转化率,这一转化率的参考合格指标在 15% 左右。要提高这一转化率有两大方向:一是主观引导,即主播在直播间帮助用户坚定其购买决定并催促下单;二是客观展示,包括直播间观众在点击商品链接后看到的商品详情页和用户评价。

1.主观引导

在电商直播间,催促用户下单需要掌握一定的技巧和策略。以下是一些具体的建议:

(1)营造紧张感:在直播过程中,可以通过有限时间的优惠活动、限量库存等方式,营造紧张感,催促用户尽快下单。

(2)强调商品优势:主播可以通过详细介绍商品的优点、特性、使用方法等,让用户更加了解商品,增强购买意愿。同时,也可以强调商品的性价比,让用户感觉到购买这个商品是划算的。

(3)使用倒计时:在直播过程中,可以使用倒计时的方式,提醒用户尽快下单。例如,可以在商品详情页设置倒计时,或者在直播过程中进行口头倒计时。

(4)提供多种支付方式:提供多种支付方式可以让用户更加方便地下单

购买。例如,可以提供支付宝、微信支付、银联支付等多种支付方式。

(5)展示用户评价:在直播过程中,可以展示用户评价或者好评截图,增强用户的信任感,让用户更加放心地下单购买。

(6)进行互动:主播可以通过互动的方式,增强用户的参与感和黏性。例如,可以在直播过程中进行抽奖、答题等活动,吸引用户参与并下单购买。

(7)反复强调购买信息:在直播过程中,可以反复强调购买信息,如商品名称、价格、库存等,提醒用户尽快下单购买。

(8)提供售后服务保障:在直播过程中,可以提供售后服务保障,如退换货政策、保修期限等,增强用户的购买信心,催促用户尽快下单购买。

2.客观展示

(1)商品详情页

为了提高购买率,商品详情页的制作和优化是非常重要的。可以参考传统电商的商品详情页设计,与直播间的商品介绍相结合,还可以考虑尽量加入人的因素,将使用场景也尽量具象化,在此基础上再次强调产品的主要优势和特点,从而有重点、有层次地在商品详情页展示商品。以下是一些关键步骤和建议:

①突出商品卖点:商品详情页应突出商品的卖点,展示商品的特色和功能,以及为什么这个商品值得购买。这些卖点可以包括品质、性能、价格、外观、材质、工艺等方面的优势。

②优化商品图片:商品图片是影响用户购买决策的重要因素之一。图片应该清晰、美观、高质量,并从多个角度展示商品的细节和特点。同时,图片也可以加入一些动画或特效,增加商品的吸引力。

③提供详细信息:商品详情页应提供详细的商品信息,包括尺寸、颜色、材质、重量、使用方法等。这些信息可以帮助用户更好地了解商品,减少用户的疑虑和不确定性,从而提高购买率。

④营造信任感:商品详情页应该营造信任感,让用户相信这个商品是可靠的、值得购买的。可以通过展示用户评价、专业认证、品牌信誉等方面来

增加信任感。

⑤设计简洁明了:商品详情页的设计应该简洁明了,避免过于复杂或混乱的布局。页面应该易于浏览和理解,让用户能够快速获取所需的信息。

⑥强调售后服务:商品详情页应该强调售后服务,包括退换货政策、保修期限、售后服务联系方式等。这些信息可以增加用户的信心,减少用户的后顾之忧,从而提高购买率。

⑦进行 A/B 测试:为了提高商品详情页的效果,可以进行 A/B 测试,比较不同版本页面的效果,找出最优版本。测试可以包括图片、文字、布局等方面的优化。

(2)用户评价

除了商品详情页,用户评价也是消费者决定是否下单的重要参考。优秀的用户评价是靠过硬的质量、服务以及积极引导评论所达成的。电商店铺经营好用户评价,可以从以下几个方面入手:

①提供优质的商品和服务:这是获取用户好评的最根本的方法。店铺应该注重商品品质,确保销售的商品质量可靠、性能稳定,同时提供优质的售后服务,解决用户在购买和使用过程中遇到的问题。

②积极主动回应评价:无论是好评还是差评,店铺都应该积极回应。对于好评,可以感谢用户的支持和认可;对于差评,应该诚恳地向用户道歉并解决问题。这样可以增加用户对店铺的信任感和满意度。

③建立良好的沟通渠道:店铺应该建立多种沟通渠道,如在线客服、电话客服、社交媒体等,方便用户随时联系并解决问题。这样可以提高用户的满意度和忠诚度。

④激励用户评价:店铺可以通过一些激励措施,如优惠券、积分等,鼓励用户进行评价。同时,可以设置评价有礼活动,吸引更多用户参与评价。

⑤监控评价内容:店铺应该密切关注评价内容,及时发现和解决潜在问题。对于差评,可以深入分析原因并改进;对于好评,可以总结优点并继续发扬。

⑥定期评价管理:店铺应该定期进行管理评价工作,对评价内容进行分类、整理和分析,找出问题所在并制定相应的改进措施。这样可以提高店铺的管理水平和用户体验。

(五)商品付款率(订单生成—最后付款转化率)

当下单之后,如何让消费者最后付费,是订单生成—最后成交(付款)转化率是否提高的关键。多数情况下,当消费者在直播间决心购买的时候,他们是会直接下单并付款的。但是,也有少数消费者下单后并不付款,还在观望。那么要消费者尽快付款并提高这个转化率,可以采取以下方法:

1.主播在话术上做催促

比如告知下单但未付款的人将被剔除,以便留出紧俏的商品名额给没有抢到的朋友。

2.强调优秀的退换货政策和退费机制

比如遵循七天无理由退货和商家负责各种运费险,解决消费者在购买时的后顾之忧。

3.强调物流优势

比如24小时内发货,全国包邮或者顺丰包邮,让消费者感觉在邮寄的时效性和安全性上都有强有力的保证。

在讲解了什么是"六维五率"以及如何提高"五率"之后,我们必须指出的是,如何判断转化率的高低,应该从直播间性质、平台商品大盘转化率、行业转化率、竞品转化率等多个维度去考察,尽量获取更多外部转化率信息去对比和评估直播间现在所有转化率的高低,并优先改进存在不足的单项转化率。而且,转化率并不是一味地越高越好,在"直播间曝光—直播间进入转化率"这个项目上,我们就需要警惕过高的转化率,尤其是付费的情况下,过高的进入率很可能是由于付费素材或付费直播间画面没有起到很好地区分目标人群的作用,导致过多的泛流量进入直播间。泛流量过多意味着很多进入直播间的观众并不是你的目标人群,无法为你的直播间的浅层数据和深层数据做贡献,难以提高后面的"四率"。直播间的互动和成交转化不好,将严重影响平台为直播间进一步推流,还可能会造成直播间掉层级(比如从千人直播间掉到白人直播间)。

　　总的来说,直播复盘非常重要,需要优化迭代,还需要不断的复盘改进。通过不断复盘,电商直播在运营上可以逐步做到透明化归因,让自己每一步的操作都很明确清楚,能够解释好每个动作背后的逻辑和原因是什么。这也是直播带货的底层逻辑之一。

参考文献

［1］蔡余杰.从 0 到 1 学做直播电商［M］.北京：中国纺织出版社,2021.

［2］连云驰.决胜直播电商［M］.北京：北京联合出版社,2021.

［3］彭军.直播电商基础［M］.重庆：重庆大学出版社,2021.

［4］余以胜,林喜德,邓顺国.直播电商：理论、案例与实训（微课版）［M］.
北京：人民邮电出版社.2021.

［5］朱洲,文圣瑜,廖艳琼.电商直播营销实务［M］.长沙：湖南科学技术
出版社,2021.

［6］崔亮,黄震.打造直播产业链,出版直播营销迈入 3.0 时代［J］.出版
广角（南宁）,2020（12）.

［7］刘平胜,石永东,林炳坤.电商直播背景下社群互动信息用户购买意
愿的影响［J］.企业经济（南昌）,2020（9）.

［8］李贤,崔博俊.国内经济大循环视角下的"电商直播"［J］.思想战线
（昆明）,2020（6）.

［9］梁喜,代涛,王婉怡."直播+电商"营销模式危与机［J］.企业管理,
2022（7）.

［10］马林烨,闫强,张笑妍,曹和锐.基于文本挖掘的优质带货直播的内
容特征研究［J］.北京邮电大学学报：社会科学版,2022（6）.

［11］汪旭晖,宋松.平台卖家违规行为、买家态度与平台型电商声誉［J］.
北京工商大学学报（社会科学版）,2021,36（4）.

［12］张宝生,张庆普,赵辰光.电商直播模式下网络直播特征对消费者购买意愿的影响[J].中国流通经济,2021(6).

［13］张英浩,汪明峰,汪凡,刘婷婷.中国直播电商发展的空间差异与影响机理研究[J].地理科学(长春),2022,(9).